| 法律法规新解读 | 第五版

民法典婚姻家庭编解读与应用

唐鹍 编著

中国法制出版社
CHINA LEGAL PUBLISHING HOUSE

出版说明

“法律法规新解读”丛书作为一套实用型法律图书，历经四版，以其专业、实用、易懂的优点，赢得了广大读者的认可。自第四版后，相关法律规定已发生较大变化，司法实践中也出现了不少新的法律问题，第五版立足“实用”，以关注民生、服务大众为宗旨，切实提升内容实用性；致力“易懂”，使本丛书真正成为“遇事找法者”运用法律维护权利和利益的利器。本丛书选取与日常生活密切相关的法律领域，将各领域的核心法律作为“主体法”，并且将与主体法密切相关的法律规定汇编收录。

“法律法规新解读”丛书独家打造七重法律价值：

1. 出版专业

中国法制出版社是中华人民共和国司法部主管主办的中央级法律类专业出版社，是国家法律法规标准文本的权威出版机构。

2. 条文解读精炼到位

重难点法条以【条文解读】形式进行阐释，解读内容在吸取全国人大常委会法制工作委员会、最高人民法院等部门对条文的权威解读的基础上，结合实际编写，简单明了、通俗易懂。

3. 实务应用精准答疑

根据日常生活中经常遇到的纠纷与难题，以【实务应用】形式提炼归纳出问题点，对标热点难点，精准答疑解惑。

4. 案例指引权威实用

专设【案例指引】板块，选取最高人民法院公报案例、典型案例、各地区法院公布的经典案例以及中国裁判文书网的终审案例等，以案说法，生动地展示解决法律问题的实例。同时，原文收录一部分最高人民法院、最高人民检察院公布的指导性案例，指导实践更准确、更有力。

5. 关联参见检索便捷

除精选与主体法相关联的法律规定外，在主体法中以【关联参见】的方式链接相关重要条文，帮助读者全方位理解相关规定内容。

6. 附录内容实用丰富

书末收录经提炼的法律流程图、诉讼文书、纠纷处理常用数据、重要法律术语速查表等内容，帮助读者大大提高处理法律事务的效率。

7. 超值赠送增值服务

扫描图书后勒口二维码，免费使用中国法制出版社【法融】数据库。读者可查阅“国家法律法规”栏目和“案例解析”栏目中的“最高法指导案例”和“最高检指导案例”的内容。

中国法制出版社

2023 年 4 月

《中华人民共和国民法典》婚姻家庭编
法律适用提示

婚姻家庭制度是规范夫妻关系和家庭关系的基本准则，关系到家家户户的利益。1980 年 9 月 10 日第五届全国人民代表大会第三次会议通过了《中华人民共和国婚姻法》（以下简称婚姻法），2001 年 4 月 28 日第九届全国人民代表大会常务委员会第二十一次会议对婚姻法做出修改。1991 年 12 月 29 日第七届全国人民代表大会常务委员会第二十三次会议通过了《中华人民共和国收养法》（以下简称收养法），1998 年 11 月 4 日第九届全国人民代表大会常务委员会第五次会议对收养法做出修改。婚姻法、收养法实施以来，对于建立和维护和谐的婚姻家庭关系发挥了重要作用。随着婚姻观念、家庭关系的变化，婚姻家庭领域出现了一些新情况。为进一步弘扬夫妻互敬、孝老爱亲、家庭和睦的中华民族传统家庭美德，体现社会主义核心价值观，促进家庭关系和谐稳定，《中华人民共和国民法典》婚姻家庭编（以下简称婚姻家庭编）* 以婚姻法、收养法为基础，在坚持婚姻自由、一夫一妻等基本原则的前提下，结合社会发展需要，修改了部分规定，并增加了一些新规定。与婚姻法、收养法相比，主要修改内容有：

1. 修改禁止结婚的条件。婚姻法规定，患有医学上认为不应当结婚的疾病者禁止结婚。这一规定在实践中很难操作，且在对方知情的情况下，是否患有疾病并不必然会影响当事人的结婚意愿。为尊重当事人的婚姻自主权，婚姻家庭编规定，一方患有重大疾病的，应当在结婚登

* 为便于阅读，本书中相关法律文件名称中的“中华人民共和国”字样都予以省略。

记前如实告知对方；不如实告知的，对方可以请求撤销该婚姻。

2. 增加离婚冷静期的规定。实践中，由于离婚登记手续简便，轻率离婚的现象增多，不利于家庭稳定。为此，婚姻家庭编规定了三十日的离婚冷静期，在此期间，任何一方可以向登记机关撤回离婚申请。

3. 完善离婚赔偿制度。婚姻法规定了四种适用离婚损害赔偿的情形，为更好地发挥离婚损害赔偿制度的预防、制裁作用，促进婚姻关系的稳定，婚姻家庭编增加了离婚损害赔偿的兜底条款，将其他一些确实给对方造成严重损害的情形纳入损害赔偿范围。

婚姻家庭编共五章七十九条，主要规定了结婚、家庭关系、离婚、收养等我国的基本婚姻制度、结婚的条件和程序、夫妻间的权利和义务、夫妻财产制度、离婚的处理原则、程序、条件及离婚后有关子女抚养、财产分割、过错方的损害赔偿、家庭成员之间的权利义务关系、收养等。

为正确审理婚姻家庭纠纷案件，根据《民法典》《民事诉讼法》等相关法律规定，结合审判实践，最高人民法院制定《关于适用〈中华人民共和国民法典〉婚姻家庭编的解释（一）》，于2020年12月25日由最高人民法院审判委员会第1825次会议通过，自2021年1月1日起施行。该司法解释修改原有六个司法解释，因而受到社会广泛关注。主要内容有：

一是促进婚姻家庭和谐稳定。注重引导树立良好的家教、家风，弘扬家庭美德，促进家庭文明建设。比如在反家庭暴力法明确规定家庭暴力的基础上，将持续性、经常性的家庭暴力认定为虐待，体现了对家庭暴力坚决说“不”的鲜明价值导向。

二是注重保护妇女、未成年人、老年人和残疾人的合法权益。比如，进一步细化了在法定情形下变更无民事行为能力人的监护人，并由新的监护人代理其提起离婚诉讼的规定，依法保护无民事行为能力人的合法权益；再比如，在未成年子女抚养权纠纷中，贯彻最有利于未成年子女原则，尊重8周岁以上子女的真实意愿，删除原来10周岁的规定，等等。

三是注重体系协调。婚姻法回归民法体系是此次民法典编纂的重要成果，相应地，对婚姻家庭编司法解释的具体规则设计进行了体系化整合。

此外，国务院颁布了《婚姻登记条例》，民政部发布了《关于贯彻落实〈中华人民共和国民法典〉中有关婚姻登记规定的通知》等文件。

本书有针对性地进行了遴选收录，希望能够对您处理婚姻法律问题有所帮助。

目　录

中华人民共和国民法典婚姻家庭编

关联法规

实用附录

实务应用速查表

案例指引速查表

法律法规
新解读系列

中华人民共和国
民法典婚姻家庭编

民法典婚姻家庭编
解读与应用

中华人民共和国民法典婚姻家庭编

· 2020 年 5 月 28 日第十三届全国人民代表大会第三次会议通过
· 2020 年 5 月 28 日中华人民共和国主席令第 45 号公布
· 自 2021 年 1 月 1 日起施行

第五编　婚姻家庭

第一章　一般规定

第一千零四十条　【婚姻家庭编的调整范围】[①] 本编调整因婚姻家庭产生的民事关系。

条文解读

婚姻 ➲ 因结婚而产生的夫妻关系。

家庭 ➲ 以婚姻和血统关系为基础的社会单位，包括父母、子女和其他共同生活的亲属在内。亲属包括配偶、血亲和姻亲。

关联参见

《民法典》第 1045 条

第一千零四十一条　【婚姻家庭关系基本原则】 婚姻家庭受国家保护。

实行婚姻自由、一夫一妻、男女平等的婚姻制度。

保护妇女、未成年人、老年人、残疾人的合法权益。

---

① 本书条文主旨为编者所加，为方便读者检索使用，仅供参考，下同。

条文解读

婚姻自由 ➔ 当事人有权根据法律的规定，自主自愿地决定自己的婚姻问题，不受任何人的强制和非法干涉。婚姻自由包括结婚自由和离婚自由。

未成年人 ➔ 未满 18 周岁的公民。

实务应用

01. 结婚和离婚自由都是绝对的、不受任何限制的吗？

婚姻自由不是绝对的，而是相对的，即婚姻自由是法律规定范围内的自由，而不是任意的、无限制的自由。婚姻自由包括结婚自由和离婚自由。结婚自由是指婚姻当事人双方具有自愿缔结婚姻关系的自由权利，其包括两方面内容：一是双方当事人自愿结婚意思真实；二是结婚必须符合法律规定的结婚条件和结婚程序。离婚自由是指夫妻一方或双方具有通过法定程序解除婚姻关系的自由权利。

02. 暴力干涉恋爱是否可构成暴力干涉婚姻自由罪？

我国《刑法》第 257 条规定了暴力干涉婚姻自由罪。若构成此罪，要求行为人实施暴力行为，即实施捆绑、殴打、禁闭、抢掠等对人身行使有形力的行为；表现为强制他人与某人结婚或者离婚，禁止他人与某人结婚或者离婚。由此可见，暴力干涉恋爱不会构成暴力干涉婚姻自由罪。暴力干涉婚姻自由不致使被害人死亡的情形下，属于告诉才处理的自诉案件。告诉才处理的案件，被害人自愿不告诉的，刑法不予处理，但被害人因受强制、威吓无法告诉的，人民检察院和被害人的近亲属也可以告诉，由人民检察院和被害人近亲属告诉的案件，按刑法规定处罚。

案例指引

01. 以财产分割为条件限制离婚，是否可行？[①]

薛某与倪某于2006年登记结婚，2011年5月离婚，后又于2012年2月登记结婚。双方在第二次登记结婚前，曾签订《复婚协议书》，约定："复婚后双方不得提出离婚，如果男方提出离婚，该套房产产权原属男方的一半划归女儿薛某某名下，更名过户发生的相关费用由男方负担。"2018年，薛某以确认合同无效纠纷为由诉至法院，要求确认上述约定无效。法院审理认为，《复婚协议书》该项约定虽系薛某与倪某所签，但其实质是以财产分割为条件作出的限制离婚自由的约定，应为无效条款。最后判决《复婚协议书》该项约定无效。

《民法典》第1041条规定："婚姻家庭受国家保护。实行婚姻自由、一夫一妻、男女平等的婚姻制度。保护妇女、未成年人、老年人、残疾人的合法权益。"婚姻自由作为婚姻家庭法律的首项原则，包括结婚自由和离婚自由两个方面，是指婚姻当事人有权根据法律的规定，自主、自愿地决定自己的婚姻事项，不受任何人的强制和非法干涉，即婚姻关系的成立、变更与解除均依照婚姻当事人的意愿。离婚自由是指双方拥有共同做出离婚决定、达成离婚协议的权利，或者在夫妻感情确实已经破裂、婚姻关系无法继续维持下去时，任何一方有提出诉讼离婚的权利。本案中，"复婚后双方不得提出离婚，如果男方提出离婚，该套房产产权原属男方的一半划归女儿薛某某名下，更名过户发生的相关费用由男方负担"的协议条款，是以财产分配的权利归属达到限制婚姻当事人离婚自由的权利，即以财产性契约约束身份关系的约定，侵犯了夫妻一方的婚姻自由权，违背社会公德与社会公共利益的约定，违反公序良俗原则，根据《民法典》第153条"违背公序良俗的民事法律行为无

① 参见《婚姻的"三类协议"，签署需谨慎!》，载北京法院网 https：//bjgy. bjcourt. gov. cn/article/detail/2022/01/id/6481624. shtml，最后访问日期：2023年2月27日。

效”的规定，该条款应为无效。

夫妻双方享有在婚姻关系存续期间自由订立协议以约束双方行为的权利，这也是私法自治原则的体现，但约定的内容和目的均需在不违背社会公德和社会公共利益的情形下，才会产生预期的约束效果。

关联参见

《宪法》第 49 条；《刑法》第 257 条；《妇女权益保障法》；《未成年人保护法》第 2 条；《老年人权益保障法》；《残疾人保障法》第 3 条、第 9 条；《婚姻登记条例》第 1 条

第一千零四十二条　【禁止的婚姻家庭行为】禁止包办、买卖婚姻和其他干涉婚姻自由的行为。禁止借婚姻索取财物。

禁止重婚。禁止有配偶者与他人同居。

禁止家庭暴力。禁止家庭成员间的虐待和遗弃。

条文解读

包办婚姻 包括父母在内的第三人违反婚姻自由的原则，包办强迫他人婚姻的行为。包办婚姻的主要行为表现有订娃娃亲、抱童养媳、指腹为婚等。

买卖婚姻 包括父母在内的第三人以索取大量财物为目的，包办强迫他人婚姻的行为。具体表现形式有：一是父母将儿女视为“摇钱树”，公开要彩礼或聘礼，大量索取财物；二是拐卖妇女而形成的买卖婚姻；三是骗婚骗财。

借婚姻索取财物 除买卖婚姻以外的其他以索取对方财物为结婚条件的违法行为。

重婚 有配偶的人又与他人结婚的违法行为，或者明知他人有配偶而与他人登记结婚的违法行为。有配偶的人，未办理离婚手续又与他人登记结婚，即是重婚；虽未登记结婚，但事实上与他人以夫妻名义而

公开同居生活的，也构成重婚。明知他人有配偶而与之登记结婚，或者虽未登记结婚，但事实上与他人以夫妻名义同居生活，同样构成重婚。不以夫妻名义共同生活的姘居关系，不能认为是重婚。法律明令禁止重婚，对于重婚的，不仅要解除其重婚关系，还应追究犯罪者的刑事责任。

有配偶者与他人同居 有配偶者与婚外异性，不以夫妻名义，持续、稳定地共同居住。

家庭暴力 家庭成员之间以殴打、捆绑、残害、限制人身自由以及经常性谩骂、恐吓等方式实施的身体、精神等侵害行为。

虐待 家庭成员间的虐待，是指用打骂、冻饿、有病不给治疗等方法摧残、折磨家庭成员，使他们在肉体上、精神上遭受痛苦的行为。持续性、经常性的家庭暴力，可以认定为本条所称的“虐待”。

遗弃 家庭成员间的遗弃，是指对于年老、年幼、患病或其他没有独立生活能力的人，负有赡养、抚养或扶养义务的人不履行其义务的行为。家庭成员间的遗弃，主要包括子女不履行赡养义务而遗弃老人、父母不履行抚养义务而遗弃子女、丈夫不履行扶养义务而遗弃妻子或者妻子不履行扶养义务而遗弃丈夫等行为。

实务应用

03. 索要“彩礼”是否为婚姻法所禁止的行为？

在我国很多地方都流行着结婚之前男方给女方一定的“彩礼”的风俗习惯，如“彩礼”是男方主动提出给予女方的，则属于自愿行为。但如果女方的父母（或其他亲属）以给付“彩礼”作为结婚的条件，甚至以此为要挟，那么就属于《民法典》所禁止的“借婚姻索取财物”行为。

04. 男女双方未进行结婚登记，女方接受“彩礼”后又反悔，男方要求返还彩礼的，有依据吗？

双方未办理结婚登记手续，当事人请求返还按照习俗给付的彩礼的，人民法院应当予以支持。

05. 男女双方已经办理结婚登记但是还没实际共同生活，男方要求返还彩礼，可以吗？

双方办理结婚登记手续但确未共同生活，当事人请求返还按照习俗给付的彩礼的，应当以双方离婚为条件。也就是说，只有以离婚为前提，此种情形男方才可要求返还彩礼。

06. 同居关系需要通过起诉解除吗？

随着社会的进步和发展，越来越多的人认为同居关系是私人生活领域的事情，法律不应多加干涉，因此我国《民法典》规定，单纯起诉解除同居关系的，不予受理。现实生活中，提起诉讼的目的往往不只是解除同居关系，更多的是请求分割同居财产，确认孩子抚养权。

07. 同居期间的财产如何分割？

同居关系的双方当事人因不存在婚姻关系这一事实基础，对同居期间取得的财产不能适用夫妻共同财产的规定予以处理。但同居期间所得财产能认定为共有的，可以按照共有财产的处理原则予以分割。

08. 同居期间产生的子女抚养纠纷，法院受理吗？

当事人提起诉讼仅请求解除同居关系的，人民法院不予受理；已经受理的，裁定驳回起诉。当事人因同居期间产生的财产分割或者子女抚养纠纷提起诉讼的，人民法院应当受理。

案例指引

02. 借条能否作为返还彩礼的依据？①

谢某某与周某经媒人介绍相识，订婚时谢某某给付了彩礼款 188000 元并购买了金银首饰。订婚之后，双方开始共同生活。因谢某某与周某之间出现矛盾，为了断双方关系，周某遂向谢某某出具借条，承诺

① 参见赵尔雅：《借条能否作为返还彩礼的依据?》，载江西法院网 http：//jxgy. jxfy. gov. cn/article/detail/2020/08/id/5431817. shtml，最后访问日期：2023 年 2 月 27 日。

还清谢某某 244000 元。谢某某催促周某返还彩礼未果，双方由此发生纠纷。

谢某某与周某之间系婚约财产纠纷，而周某出具借条的行为应适用借贷关系的相应规定。故借条不应作为谢某某要求其返还彩礼款的依据。

民事权利和民事义务归属于何种法律关系之内，其生效条件、实现条件、效力强弱、负担有无及轻重、受到怎样的对抗等均可能大有不同。如果不属于同一法律关系而不作辨析就一并审理，法律的适用也将发生错位，容易导致案件处理不当，甚至出现错判、误判的结果。

对于周某出具的借条，因谢某某与周某之间并不存在借贷关系，故不宜以该借条作为返还彩礼数额的依据。本案作为婚约财产纠纷，是否返还彩礼及返还的数额需结合谢某某与周某同居生活时间、双方各自过错、本地风俗习惯等因素酌情确定。

03. 没领证彩礼能退吗？①

李某甲、李某乙于 2018 年 4 月相识并建立恋爱关系，同年 5 月开始同居。2019 年 1 月 13 日，李某甲支付李某乙彩礼 88000 元，当日，李某乙从该彩礼中支付 17442 元用于购买首饰，4 月 5 日至 10 日，李某乙从该账户中陆续取款共计 70000 元。李某乙于同年 8 月 13 日生育非婚生女李某丙，至此双方未办理结婚登记手续。李某乙主张取款行为系双方共同所为，彩礼已用于双方共同生活及抚养非婚生女李某丙，李某甲对此不予认可。后双方因彩礼返还纠纷诉至法院。

另查，李某乙曾于 2019 年 10 月 17 日就双方非婚生子女的抚养纠纷诉至法院，法院最终判决非婚生女李某丙由李某乙抚养，李某甲自判决生效当月起每月支付抚养费 1000 元至李某丙 18 周岁止。后李某甲未履行支付抚养费的义务。

---

① 参见《双方未办理结婚登记手续请求返还彩礼的处理——李某甲诉李某乙婚约财产案》，案号：(2021) 鲁 03 民终 2261 号，载中国裁判文书网。

法院经审理认为，《最高人民法院关于适用〈中华人民共和国民法典〉婚姻家庭编的解释（一）》（以下简称《民法典婚姻家庭编解释（一）》）第5条规定，当事人请求返还按照习俗给付的彩礼的，如果查明属于以下情形，人民法院应当予以支持：（1）双方未办理结婚登记手续；（2）双方办理结婚登记手续但确未共同生活；（3）婚前给付并导致给付人生活困难。适用前款第2项、第3项的规定，应当以双方离婚为条件。本案中，双方对被告收受原告彩礼88000元无异议，本院予以确认。原、被告双方虽未办理结婚登记手续，但自2018年5月起即开始共同生活，并生育一女。李某乙除收受彩礼当日从彩礼中支付款项购买首饰外，又于2019年4月5日至10日将剩余彩礼陆续取出。根据原告提交的证据及庭审调查，共同生活期间双方的收入并不稳定，被告称彩礼已用于共同生活、孩子抚养等理由成立，原告要求被告返还该彩礼，依据不足，对此不予支持，驳回原告李某甲的诉讼请求。

04. 涉军离婚彩礼能退吗？[①]

吴某系军人，与王某某原系邻居关系，2015年1月16日二人登记结婚，未举行结婚仪式，也未一起共同生活。后双方因故产生矛盾，吴某于2016年以夫妻感情破裂为由诉至法院请求离婚，被判决驳回诉讼请求。2017年吴某再次以夫妻感情破裂为由请求离婚。双方就吴某支付给王某某的彩礼85000元返还问题，吴某住房公积金的分配问题以及对王某某应否给予生活帮助问题存在较大分歧。

人民法院一审判决，准予吴某与王某某离婚；被告王某某自本判决生效之日起30日内返还吴某彩礼85000元；吴某婚姻关系存续期间住房公积金及退役基本养老保险补助归吴某所有，吴某自本判决生效之日起15日内支付王某某补偿款23214.8元；吴某自本判决生效之日起30日内支付被告王某某困难补助30000元；吴某不服提起上诉，经二审法

① 参见《吴某与王某某离婚纠纷》，载天津法院网 https：//tjfy. tjcourt. gov. cn/article/detail/2020/07/id/5384557. shtml，最后访问日期：2023年2月27日。

院调解，双方达成一致，约定王某某返还吴某彩礼钱40000元整。

本案是一起涉军离婚案件。原告吴某作为军人，两次诉至法院，离婚意愿强烈，并要求女方返还彩礼。人民法院充分考虑到原告系现役军人，训练执勤任务较重，服役地点又不在本地等特殊因素，在案件审理过程中，对原告在庭审时间等方面予以了合理安排，并认真听取了双方当事人的诉辩意见。家庭和谐稳定是国家发展、社会进步、民族繁荣的重要基石，法院在审理离婚案件时，一般都会采取措施挽救不稳定的婚姻关系。但本案具有一定的特殊性，双方没有在一起生活，没有建立感情基础，结合原告先后两次起诉离婚，证明原告第一次起诉离婚被驳回后，双方感情未得到修复，该婚姻已成为死亡婚姻。为了让原告安心服役，减轻诉累，在依法调解无效的情况下，判决原、被告解除婚姻关系，同时对于双方诉争的彩礼退还及其他财产等作出了合理分配。

05. 子女不得以“为父母好”为由侵犯老年人的财产权益，不得对老年人实施家庭暴力①

冯某某女儿柳某某为了霸占其名下住房用于收租，多次以冯某某有精神病、参加传销、花巨资买保健品、要“保护”母亲财产为由，逼迫冯某某搬出。冯某某希望能独立居住，独立支配自己的退休金等合法财产。2020年，柳某某至冯某某家中大声呵斥、威胁，逼迫其搬走，持铁锤砸坏物品，抢走手机、砍断电话线以防止其报警。此后，柳某某陆续将冯某某房内冰箱、电视机、保健床垫、按摩椅等家具电器搬走并更换门锁。后经派出所调解无果。冯某某遂向人民法院提起物权保护纠纷诉讼，请求责令柳某某返还物品并停止侵害案涉住房，同时作出人身安全保护令。

---

① 参见《老年人权益保护第二批典型案例》（2022年4月8日发布），冯某某与柳某某人身安全保护令及物权保护纠纷案，载最高人民法院网 https：//www. court. gov. cn/zixun-xiangqing-354121. html，最后访问日期：2023年2月27日。

法院认为，冯某某确有面临家庭暴力的风险，裁定：一、禁止被申请人柳某某对申请人冯某某实施殴打、威胁等家庭暴力行为；二、禁止被申请人柳某某骚扰、跟踪、接触申请人冯某某；三、禁止被申请人柳某某进入申请人冯某某名下住宅。

经法院调解，双方对物权保护纠纷案达成以下调解协议：一、柳某某于3日内返还搬走的全部财物及房产证。二、协议生效起1年内双方互相不得干涉对方生活。三、柳某某于30日内腾退案涉住房所在地的单车棚，逾期冯某某有权自行处分棚内物品。

《老年人权益保障法》第16条第1款、第2款规定，赡养人应当妥善安排老年人的住房，不得强迫老年人居住或者迁居条件低劣的房屋。老年人自有的或者承租的住房，子女或者其他亲属不得侵占，不得擅自改变产权关系或者租赁关系。第22条第1款规定，老年人对个人的财产，依法享有占有、使用、收益和处分的权利，子女或者其他亲属不得干涉，不得以窃取、骗取、强行索取等方式侵犯老年人的财产权益。第25条规定，禁止对老年人实施家庭暴力。本案裁判明确，老年人对自己的财产有独立支配权，子女不得以"为父母好"等任何理由侵犯老年人的合法财产权益，不得对老年人实施谩骂、威胁、殴打、限制人身自由等家庭暴力行为。本案准确认定被申请人为侵占老年人财产实施家庭暴力行为的事实，及时作出人身安全保护令，训诫督促被申请人遵守人身安全保护令，有力保护了老年人人身、财产安全，取得了良好的法律效果与社会效果。

关联参见

《民法典》第1179条、第1191条；《民法典婚姻家庭编解释（一）》第1—3条、第5条；《反家庭暴力法》第2条；《妇女权益保障法》第65条、第72—73条；《老年人权益保障法》第3条；《未成年人保护法》第17条；《治安管理处罚法》第43条、第45条；《刑法》第258条、第260—261条；《刑事诉讼法》第210—212条

第一千零四十三条 【婚姻家庭道德规范】 家庭应当树立优良家风，弘扬家庭美德，重视家庭文明建设。

夫妻应当互相忠实，互相尊重，互相关爱；家庭成员应当敬老爱幼，互相帮助，维护平等、和睦、文明的婚姻家庭关系。

条文解读

当事人仅以本条为依据提起诉讼的，人民法院不予受理；已经受理的，裁定驳回起诉。

该条属于倡导性的规定，并非公民必须遵守的义务，故不得以该条款单独提起诉讼。

案例指引

06. 对继父母尽到赡养义务的成年继子女，享有继父母死亡抚恤金分配权吗？①

曾某彬（男）与曾某泉、曾某军、曾某三人系父子关系，孙某学（女）与李某军系母子关系。2006 年，李某军 34 岁时，曾某彬与孙某学登记结婚。2019 年 11 月 4 日，曾某彬去世，其单位向孙某学发放一次性死亡抚恤金 163536 元。曾某彬生前十余年一直与孙某学、李某军共同在李某军所有的房屋中居住生活。曾某彬患有硅肺，孙某学患有（直肠）腺癌，李某军对曾某彬履行了赡养义务。曾某泉三兄弟主张李某军在曾某彬与孙某学结婚时已经成年，双方未形成扶养关系，故李某军不具有上述死亡抚恤金的分配资格。

法院认为，一次性死亡抚恤金是针对死者近亲属的一种抚恤，应参照继承相关法律规范进行处理。本案应由曾某彬的配偶、子女参与分配，子女包括有扶养关系的继子女。成年继子女对继父母履行了赡养义

---

① 参见《人民法院贯彻实施民法典典型案例（第二批）》（2023 年 1 月 13 日发布），曾某泉、曾某军、曾某、李某军与孙某学婚姻家庭纠纷案，载最高人民法院网 https://www.court.gov.cn/zixun-xiangqing-386521.html，最后访问日期：2023 年 2 月 27 日。

务的，应认定为有扶养关系的继子女。本案中，曾某彬与孙某学再婚时，李某军虽已成年，但三人共同居住生活在李某军所有的房屋长达十余年，形成了《民法典》第1045条第3款规定的更为紧密的家庭成员关系，且曾某彬患有硅肺，孙某学患有癌症，二人均需家人照顾，根据案件事实可以认定李某军对曾某彬履行了赡养义务。考虑到孙某学年老患病且缺乏劳动能力，遂判决孙某学享有曾某彬一次性死亡抚恤金40%的份额，李某军与曾某泉三兄弟各享有15%的份额。

习近平总书记强调："家风是一个家庭的精神内核，也是一个社会的价值缩影。"本案是人民法院弘扬新时代优良家风，维护尽到赡养义务的成年继子女权益的典型案例。民法典明确规定了有扶养关系的继子女与婚生子女、非婚生子女、养子女同属于子女范畴。审理法院依法认定对继父母尽到赡养义务的成年继子女属于有扶养关系的继子女，享有继父母死亡抚恤金分配权，同时确定年老患病的遗孀享有更多分配份额，为弘扬敬老爱老的传统美德，鼓励互助互爱的优良家风提供了现实样例。

07. 婚前与他人同居并怀有身孕，且结婚时隐瞒该事实的，违反夫妻忠实义务吗？①

刘某某与戴某某于2012年7月网上相识，同年9月4日办理结婚登记手续，同年12月4日按农村习俗举办婚礼，2013年4月6日生育男孩戴某翔；刘某某曾于2013年4月23日向法院起诉与戴某某离婚，判决不准离婚后，双方夫妻关系未得到改善；在婚姻关系存续期间，双方未添置共同财产，亦未形成共同债权、债务；诉讼中，戴某某提交了由其母亲李某香出具的四份借条及四位证人证言用以证明给付了刘某某结婚彩礼70000余元，刘某某认可戴某某给付的结婚彩礼为10800元，并

① 参见贾云卫：《彩礼与过错损害赔偿的认定——刘某某诉戴某某离婚纠纷案》，载湖南省高级人民法院网 http：//hngy. hunancourt. gov. cn/article/detail/2019/03/id/3786575. shtml，最后访问日期：2023年2月27日。

提出婚前给付了戴某某的母亲 5000 元红包，但刘某某未提供证据予以证实；戴某某还提出婚后双方未在一起共同生活，刘某某提出婚后双方有在其娘家共同生活过，但刘某某未提供证据予以证实。另查明，双方均认可戴某翔与戴某某无血缘关系，戴某某婚后构成了精神残疾。

一审裁判理由及判决结果：一审法院判决，准予刘某某与戴某某离婚；戴某翔由刘某某抚养成年，小孩抚养费由刘某某自行承担；刘某某返还戴某某结婚彩礼 10800 元；刘某某给予戴某某经济帮助 20000 元。

二审裁判理由及裁判结果：二审法院认为，本案当事人对离婚均无异议，双方争议的焦点为：彩礼数额如何认定；戴某某的精神损害赔偿请求可否得到支持。

关于彩礼数额的认定。彩礼是当事人（一般指男方）以结婚为目的，在结婚前或者结婚时按照当地习俗给付对方的较大数额的金钱及其他财物。本案中，戴某某父母按习俗给付刘某某购买金器的现金、送喜日支付的现金、打发的费用等 41700 元，皆发生于结婚前、结婚时，且与结婚目的紧密相关，故该部分费用属于彩礼的范围，原审仅认定男方给付女方用于购买金器的现金 10800 元为彩礼不当，应当予以纠正。但逢年过节、小孩满月设宴等所支付的礼金，因该支出发生于双方登记、举办婚礼之后，也与婚姻的缔结不具有直接关联性，故该部分支出不应视为彩礼的范围。

关于戴某某的精神损害赔偿是否应得到支持。夫妻应当互相忠实，互相尊重，互相帮助。本案中，刘某某违背社会公序良俗，隐瞒婚前与他人同居并怀孕的事实，婚后生育与他人同居期间怀孕的小孩，违背婚姻双方互负的忠实义务，构成二级精神伤残，刘某某依法应承担一定的精神损害赔偿责任。原审未予认定精神损害赔偿不当。综合本案的实际情况，可以酌定刘某某对戴某某承担 15000 元的精神损害赔偿责任。戴某某上诉提出刘某某应承担精神损害赔偿责任的理由成立，应当予以支持。

该案例涉及离婚案件中，如何来认定彩礼，以及损害赔偿的适用范围问题。

（一）关于彩礼的认定

其一，彩礼不限于礼金，可以是价值较大的任何财物形态，既包括金钱、动产等有形财物，也包括有价证券等无形状态的财产权利。随着资产权利形态的多样化发展，将彩礼限于以货币形式表现出来的礼金的这种认识是不适当的。货币仅仅为财产的一种形态，且越来越呈现出弱化的趋势，为保值、增值，现代的人们用货币购买不动产，投资金融理财产品，股票，购买债券等资产，货币物化为不同的财产形态的趋势越来越频繁。所以，对彩礼的解释应符合现代社会财富形态的发展趋势。

其二，彩礼的给付，目的是为了婚姻的缔结。所以，认定为彩礼须把握给付的时间条件。彩礼一般为婚姻缔结时（婚礼举办前后），与婚姻缔结紧密相联，故案件中，戴某某主张的小孩满月、过年慰礼也应作为彩礼的理由与人们对彩礼的基本观念不符。这种发生在婚姻缔结后的日常人情往来，与婚姻缔结关联性、紧密性不够。另婚姻缔结之前，男女双方恋爱期间互相赠送的礼物，系为增进感情的自愿付出，双方一般也未形成缔结婚姻的意思表示，且在此期间，一般也不会发生较大价值财物的给付，故也不应认定为彩礼。

其三，彩礼的给付对象与价值。根据传统的习俗，一般情况下，彩礼是支付给女方或女方家属的较大财物。从给付对象来说，不仅包括直接支付给女方本人的财物，还包括支付给女方的直系亲属（父母、祖父母等）、关系密切的旁系亲属（叔、伯、舅、兄弟姐妹等）的财物。从财物价值来看，一般认为财物的价值较大。小额的财物给付，可归属于传统的礼节，由道德予以调整。基于此，彩礼的认定，首先是依据当地的风俗习惯，然后综合考虑给付的财物价值大小与婚姻缔结的紧密性，不限定给付的财物形态与给付对象。

（二）关于“夫妻应当互相忠实，互相尊重，互相关爱”的理解

夫妻关系虽属于法律关系，由民法典进行规范，但因传统礼法的影

响，在处理婚姻关系时，不仅要依据民法典的规定，也应尊重传统公德与当地良俗。法律上，夫妻之间互享配偶权，互负忠实的义务。这种忠实义务开始于夫妻关系建立之时。在婚姻缔结之前的行为属于个人自由，法律不强制，也不干预。但夫妻一方在婚前与他人同居怀孕，却一直对婚姻另一方隐瞒该事实，结婚后与另一方共同抚养与他人怀孕生育的小孩的这种行为，是否应作为违反夫妻忠实的义务进行认定，实践中存在一定的争议。有的人认为，夫妻忠实义务不能适用于婚姻缔结之前。有的人认为，忠实义务一般产生于夫妻关系建立之后，但夫妻一方因婚前严重违反社会道德的行为影响另一方对建立的婚姻信赖关系，可视为违反夫妻忠实义务。我们认为，夫妻忠实义务，体现为双方相互之间的坦诚与忠心，双方从婚姻缔结时起，均需保持感情的纯洁性，在缔结之前一方与他人之间的关系，属于婚前个人隐私的权利范畴，行为人无须向对方告知该隐私，所以一般也不构成违反忠诚的义务。但如本案中，婚前与他人同居并怀有身孕，且结婚时隐瞒该事实，小孩出生后由夫妻双方共同抚养，一方发现该事实后，双方感情开始破裂的这种情形，可以视为对忠诚义务的违反，因为该行为破坏了一方对婚姻关系的合理信赖，小孩是夫妻双方爱情的结晶，也是双方感情维系的一个重要纽带，能够很大程度上影响到夫妻之间的乃至家庭关系的稳定，对婚姻、家庭的重要性高于一般的其他因素，且在我们传统的观念中，一般也不能接受婚生小孩并非亲生小孩的事实。基于此，忠实义务可以扩大适用于婚姻缔结前。因此，隐瞒与他人怀孕的事实，是违反夫妻之间忠实义务的，况且本案中，女方是明知怀有他人身孕，却刻意进行隐瞒，主观上是故意的，虽然每个人都享有隐私权，但隐私权的行使不能对抗社会的一般公序良俗与人伦，需符合一般的社会公德的认同。

关联参见

《民法典婚姻家庭编解释（一）》第4条

第一千零四十四条　【收养的原则】收养应当遵循最有利于被收养人的原则，保障被收养人和收养人的合法权益。

禁止借收养名义买卖未成年人。

关联参见

《民法典》第1093条、第1100条、第1107条

第一千零四十五条　【亲属、近亲属与家庭成员】亲属包括配偶、血亲和姻亲。

配偶、父母、子女、兄弟姐妹、祖父母、外祖父母、孙子女、外孙子女为近亲属。

配偶、父母、子女和其他共同生活的近亲属为家庭成员。

条文解读

配偶 男女因结婚互称配偶。配偶，即夫妻，是男女因结婚而形成的亲属关系。结婚必须是一男一女结婚，同性之间不能结婚。

血亲 血亲是指因自然的血缘关系而产生的亲属关系，也包括因法律拟制而产生的血亲关系。有自然血缘联系的亲属，称为自然血亲；因法律拟制的抚养关系而形成的亲属，称为拟制血亲。亲生父母子女、祖孙、曾祖孙等之间，为直系血亲；养父母子女、抚养关系的继父母子女之间，为拟制直系血亲。同胞、半同胞兄弟姐妹，堂、表兄弟姐妹，伯、叔、姑、舅、姨与侄（女）、甥（女）之间为旁系血亲。拟制直系血亲关系的一方与对方的旁系血亲之间，为拟制旁系血亲。

自然血亲关系因出生而发生，因死亡而终止；拟制血亲关系因收养或者继父母与继子女形成抚养关系而发生，因一方死亡或者养父母子女关系、继父母子女关系依法解除而终止。

姻亲 姻亲是因婚姻为中介形成的亲属，但不包括自身的配偶。一是配偶的血亲，如岳父母、公婆；另一类是血亲的配偶，如儿媳、女

婿、嫂、弟媳、姐夫、妹夫。

姻亲关系因婚姻而产生，因婚姻关系的解除而终止。离婚和婚姻被撤销，是姻亲关系终止的原因。

家庭成员 ➲ 家庭成员应是近亲属。有的近亲属如配偶、父母、子女，当然是家庭成员，即使已经不再在一起共同生活，也仍是家庭成员。比如，自己成家后不再与父母一起生活，但与父母的权利义务关系不断，赡养父母的义务不断，所以仍应是家庭成员。自己与子女也是这个道理，所以自己的子女也应是家庭成员。其他近亲属，如兄弟姐妹、祖父母、外祖父母、孙子女、外孙子女，如在一个家庭中共同生活，应当属于家庭成员，如不在一起共同生活，就不属于家庭成员。这个“共同生活”应是长久的同居在一起的共同生活，而不是短期的、临时性的共同生活。

案例指引

08. 寄养与收养是一回事吗？①

田老大的女儿田小妹出生时母亲就去世了，田老大将田小妹寄养在弟弟田老二家中。三年后田老大与李某再婚。但因种种原因，田小妹依然在田老二家中生活，称呼田老二为父亲。后田小妹户籍迁回田老大处。后来，田老大与李某先后去世，李某生前留有遗嘱，将其所有财产均留给弟弟小李继承。小李起诉主张，田小妹与田老二已经形成了事实上的收养关系，不应当再继承其父亲田老大的遗产。田小妹与田老二则均不认可双方系收养关系，田小妹要求依照法定继承取得父亲田老大的遗产。

法院认为，田小妹与田老二之间并未成立法律上的收养关系，一方面，田小妹与田老二之间并未办理合法的收养手续，亦未有充分的证据

---

① 参见《寄养与收养大不相同》，载北京法院网 https://bjgy.bjcourt.gov.cn/article/detail/2022/04/id/6633079.shtml，最后访问日期：2023 年 2 月 27 日。

能够证明其二人系收养关系，另一方面，田小妹与田老二作为小李所称的收养关系双方当事人，均不认可其二人之间成立收养关系，其二人亲属亦未认可双方存在父女关系。故此，驳回了小李的上诉请求，维持一审判决。

在现实生活中，有的未成年人因父亲或母亲死亡或家庭生活困难等原因被寄养在亲戚朋友家里。虽然被寄养人与寄养人可能长期在一起共同生活，有些甚至以父子、母子相称，但并不能当然认为双方属于养父母养子女关系。一方面需要审查是否办理了合法的收养手续，另一方面亦需要依据法律法规的规定进行处理。

如本案中，依据在案的证据材料及各方当事人对于事实的陈述，法院仅能认定田老二抚养田小妹属于亲属之间帮助抚养子女，不能直接定性为成立收养关系，加之作为当事人的田老二与田小妹均否认收养关系的存在，故法院对其双方的收养关系未予认定。

收养具有法律上的拟制效力，也就是说，收养人与被收养人因收养行为而形成拟制直系血亲关系，养父母取得养子女法定代理人和监护人的身份地位，养子女取得与养父母婚生子女相同的身份地位，双方各自享有法律规定的父母子女的权利，并承担父母子女的义务。具体表现为：第一，养父母对未成年养子女负有抚养、教育和保护的义务；成年养子女对养父母负有赡养、扶助和保护的义务；第二，养子女与养父母互为第一顺位的法定继承人，享有相互继承遗产的权利；第三，养子女与养父母的近亲属发生法律规定的近亲属的权利义务关系。

本案中，田小妹系田老大之女，系其第一顺位法定继承人，依据在案证据材料，亦未显示田小妹与他人成立收养关系，并未发生收养的解销效力，故田小妹有继承田老大遗产的权利。

关联参见

《民法典》第 1048 条

第二章　结　婚

第一千零四十六条　【结婚自愿】结婚应当男女双方完全自愿，禁止任何一方对另一方加以强迫，禁止任何组织或者个人加以干涉。

第一千零四十七条　【法定婚龄】结婚年龄，男不得早于二十二周岁，女不得早于二十周岁。

实务应用

09. 在特殊情况下，法律允许对婚龄作例外规定吗？

目前，我国一些民族自治地方的立法机关对婚姻法中的法定婚龄作了变通规定。比如，新疆、内蒙古、西藏等自治区和一些自治州、自治县，均以男 20 周岁、女 18 周岁作为本地区的最低婚龄，但这些变通规定仅适用于少数民族，不适用生活在该地区的汉族。

第一千零四十八条　【禁止结婚的情形】直系血亲或者三代以内的旁系血亲禁止结婚。

实务应用

10. 哪些血亲禁止结婚？

（1）直系血亲。包括父母子女间，祖父母、外祖父母与孙子女、外孙子女间。即父亲不能娶女儿为妻，母亲不能嫁儿子为夫。爷爷（姥爷）不能与孙女（外孙女）婚配，奶奶（姥姥）不能与孙子（外孙子）结合。

（2）三代以内旁系血亲。包括：①同源于父母的兄弟姊妹（含同父异母、同母异父的兄弟姊妹），即同一父母的子女之间不能结婚。②不同辈的叔、伯、姑、舅、姨与侄（女）、甥（女），即叔叔（伯伯）不能和兄（弟）的女儿结婚；姑姑不能和兄弟的儿子结婚；舅舅不能和姊妹的女儿结婚；姨妈不能和姊妹的儿子结婚。③堂兄弟姐妹、姑表兄弟姐妹、舅表兄弟姐妹、姨表兄弟姐妹之间不能结婚。

第一千零四十九条　【结婚程序】要求结婚的男女双方应当亲自到婚姻登记机关申请结婚登记。符合本法规定的，予以登记，发给结婚证。完成结婚登记，即确立婚姻关系。未办理结婚登记的，应当补办登记。

条文解读

补办结婚登记的效力 ➜ 男女双方依据本条规定补办结婚登记的，婚姻关系的效力从双方均符合民法典所规定的结婚的实质要件时起算。

未办理结婚登记的起诉离婚 ➜ 未依据本条规定办理结婚登记而以夫妻名义共同生活的男女，提起诉讼要求离婚的，应当区别对待：

（1）1994 年 2 月 1 日民政部《婚姻登记管理条例》公布实施以前，男女双方已经符合结婚实质要件的，按事实婚姻处理。

（2）1994 年 2 月 1 日民政部《婚姻登记管理条例》公布实施以后，男女双方符合结婚实质要件的，人民法院应当告知其补办结婚登记。未补办结婚登记的，依据《民法典婚姻家庭编解释（一）》第 3 条的规定处理。

未办理结婚登记而以夫妻名义共同生活的财产继承 ➜ 未依据本条规定办理结婚登记而以夫妻名义共同生活的男女，一方死亡，另一方以配偶身份主张享有继承权的，依据《民法典婚姻家庭编解释（一）》第 7 条的原则处理。

实务应用

11. 返还彩礼的条件有哪些？

当事人请求返还按照习俗给付的彩礼的，如果查明属于以下情形，人民法院应当予以支持：（1）双方未办理结婚登记手续；（2）双方办理结婚登记手续但确未共同生活；（3）婚前给付并导致给付人生活困难。适用（2）（3）的规定，应当以双方离婚为条件。

12. 我国的婚姻登记机关有哪些？

（1）内地居民办理婚姻登记的机关是县级人民政府民政部门或者乡（镇）人民政府，省、自治区、直辖市人民政府可以按照便民原则确定农村居民办理婚姻登记的具体机关。内地居民结婚，男女双方应当共同到一方当事人常住户口所在地的婚姻登记机关办理结婚登记。

（2）中国公民同外国人，内地居民同香港特别行政区居民、澳门特别行政区居民、华侨，大陆居民同台湾地区居民办理婚姻登记的机关是省、自治区、直辖市人民政府民政部门或者省、自治区、直辖市人民政府民政部门确定的机关。中国公民同外国人在中国内地结婚的，内地居民同香港居民、澳门居民、华侨在中国内地结婚的，大陆居民同台湾地区居民在中国大陆结婚的，男女双方应当共同到内地（大陆）居民常住户口所在地的婚姻登记机关办理结婚登记。

13. 结婚登记程序分为哪几个环节？

结婚登记大致可分为申请、审查和登记三个环节。

（一）申请

1. 中国公民在中国境内申请结婚

内地（大陆）居民结婚，男女双方应当共同到一方当事人常住户口所在地的婚姻登记机关办理结婚登记。办理结婚登记的内地（大陆）居民应当出具下列证件和证明材料：（1）本人的户口簿、身份证。（2）本人无配偶以及与对方当事人没有直系血亲和三代以内旁系血亲关系的签字声明。

离过婚的，还应当持离婚证。离婚的当事人恢复夫妻关系的，必须双方亲自到一方户口所在地的婚姻登记机关申请复婚登记。

2. 香港居民、澳门居民、台湾居民在中国境内申请结婚

办理结婚登记的香港居民、澳门居民、台湾居民应当出具下列证件

和证明材料：（1）本人的有效通行证、身份证。（2）经居住地公证机构公证的本人无配偶以及与对方当事人没有直系血亲和三代以内旁系血亲关系的声明。

3. 华侨在中国境内申请结婚

办理结婚登记的华侨应当出具下列证件和证明材料：（1）本人的有效护照。（2）居住国公证机构或者有权机关出具的、经中华人民共和国驻该国使（领）馆认证的本人无配偶以及与对方当事人没有直系血亲和三代以内旁系血亲关系的证明，或者中华人民共和国驻该国使（领）馆出具的本人无配偶以及与对方当事人没有直系血亲和三代以内旁系血亲关系的证明。

4. 外国人在中国境内申请结婚

办理结婚登记的外国人应当出具下列证件和证明材料：（1）本人的有效护照或者其他有效的国际旅行证件。（2）所在国公证机构或者有权机关出具的、经中华人民共和国驻该国使（领）馆认证或者该国驻华使（领）馆认证的本人无配偶的证明，或者所在国驻华使（领）馆出具的本人无配偶的证明。

申请婚姻登记的当事人，应当如实向婚姻登记机关提供规定的有关证件和证明，不得隐瞒真实情况。

（二）审查

婚姻登记机关应当对结婚登记当事人出具的证件、证明材料进行审查并询问相关情况。对当事人符合结婚条件的，应当当场予以登记，发给结婚证；对当事人不符合结婚条件不予登记的，应当向当事人说明理由。

（三）登记

1. 予以登记

婚姻登记机关对符合结婚条件的，应当即时予以登记，发给结婚证；对离过婚的，应注销其离婚证。

2. 不予登记

申请人有下列情形之一的，婚姻登记机关不予登记：(1) 未到法定结婚年龄的；(2) 非自愿的；(3) 已有配偶的；(4) 属于直系血亲或者三代以内旁系血亲的。

婚姻登记机关对当事人的婚姻登记申请不予登记的，应当以书面的形式说明理由。当事人认为符合婚姻登记条件而婚姻登记机关不予登记的，可以依法申请行政复议，对复议不服的，可以依法提起行政诉讼，也可以直接提起行政诉讼。

关联参见

《婚姻登记条例》；《民法典婚姻家庭编解释（一）》第5—8条；《婚姻登记档案管理办法》；《婚姻登记工作规范》第5—7条

第一千零五十条 【男女双方互为家庭成员】 登记结婚后，按照男女双方约定，女方可以成为男方家庭的成员，男方可以成为女方家庭的成员。

第一千零五十一条 【婚姻无效的情形】 有下列情形之一的，婚姻无效：

（一）重婚；

（二）有禁止结婚的亲属关系；

（三）未到法定婚龄。

条文解读

无效婚姻 无效婚姻是指欠缺婚姻成立的法定条件而不发生法律效力的男女两性的结合。

确认婚姻无效的主体 本条规定有权向人民法院就已办理结婚登记的婚姻请求确认婚姻无效的主体，包括婚姻当事人及利害关系人。其中，利害关系人包括：(1) 以重婚为由的，为当事人的近亲属及基层组织；（2）以未到法定婚龄为由的，为未到法定婚龄者的近亲属；（3）以有禁止结婚的亲属关系为由的，为当事人的近亲属。

利害关系人依据本条的规定，请求人民法院确认婚姻无效的，利害关系人为原告，婚姻关系当事人双方为被告。夫妻一方死亡的，生存一方为被告。

无效婚姻已消失情形的处理 ➲ 当事人依据本条规定向人民法院请求确认婚姻无效，法定的无效婚姻情形在提起诉讼时已经消失的，人民法院不予支持。

无效婚姻的处理 ➲ 人民法院受理请求确认婚姻无效案件后，原告申请撤诉的，不予准许。

对婚姻效力的审理不适用调解，应当依法作出判决。

涉及财产分割和子女抚养的，可以调解。调解达成协议的，另行制作调解书；未达成调解协议的，应当一并作出判决。

当事人以本条规定的三种无效婚姻以外的情形请求确认婚姻无效的，人民法院应当判决驳回当事人的诉讼请求。

离婚案件中出现无效婚姻的处理 ➲ 人民法院受理离婚案件后，经审理确属无效婚姻的，应当将婚姻无效的情形告知当事人，并依法作出确认婚姻无效的判决。

实务应用

14. 婚姻无效有哪几种情形？

（1）重婚

重婚，是指有配偶又与他人登记结婚的违法行为，或者明知他人有配偶而与他人登记结婚的违法行为。我国实行一夫一妻制，禁止一人同时拥有一名以上妻子或者丈夫。重婚可能涉嫌刑事犯罪，我国《刑法》第258条规定，有配偶而重婚的，或者明知他人有配偶而与之结婚的，处二年以下有期徒刑或者拘役。人民法院审理重婚导致的无效婚姻案件时，涉及财产处理的，应当准许合法婚姻当事人作为有独立请求权的第三人参加诉讼。

（2）有禁止结婚的亲属关系

有禁止结婚的亲属关系包括直系血亲和三代以内的旁系血亲，直系血亲还包括拟制直系血亲。

（3）未达法定婚龄

法定婚龄男为22周岁，女为20周岁，未达法定婚龄的，婚姻登记机构不予办理结婚登记；已经取得登记的，属于无效婚姻。

15. 同一婚姻关系分别受理离婚和请求确认婚姻无效的，如何处理？

离婚案件的当事人只能是夫妻双方，而申请确认婚姻无效的当事人可能是婚姻关系当事人，也可能是利害关系人，合并审理存在一定的障碍，也不利于保护相关当事人的合法权益，故在审理离婚诉讼中，如果就同一婚姻关系，另行受理了请求确认婚姻无效的案件的，应当分别审理。由于离婚须以合法有效的婚姻关系为前提，故在此情况下，离婚案件审理属于《民事诉讼法》第153条规定的必须以另一案的审理结果为依据，而另一案尚未审结的情形，离婚案件应当中止诉讼，待请求确认婚姻无效的案件判决生效后恢复诉讼。

16. 未到法定结婚年龄的婚姻，均应确认无效吗？

有关部门在确认某一个婚姻是否有效时，只能对男女当事人在有关部门确认其婚姻是否有效时仍未达到法定结婚年龄的婚姻，确认为无效婚姻。如果男女双方在结婚时的实际年龄低于法定结婚年龄一两岁，等一两年后，当事人或利害关系人申请确认婚姻无效，或有关部门要确认其婚姻无效时，男女双方当事人已达到法定结婚年龄的，不能确认其婚姻为无效婚姻。简而言之，对未到法定结婚年龄的婚姻，应当在男女当事人的法定结婚年龄届至前提出或确认其婚姻无效。

案例指引

09. 婚姻无效或者被撤销的，无过错方可以请求损害赔偿吗?①

王某某原户籍为天津市某村。2001 年，王某某与妻子翟某某在天津市登记结婚，婚后生育一子。王某某通过其他途径在山东省办理新的身份证号码并落户。基于其新的身份信息，2015 年在其与妻子翟某某婚姻关系存续期间，王某某再次用新的身份信息与赵某登记结婚，并育有一子，两人以夫妻名义在天津共同生活。2017 年，王某某所在村拆迁，与他分居多年的翟某某听到消息后返回村中，发现其重婚事实。同年因犯重婚罪，王某某被判处刑罚，王某某与翟某某调解离婚。2021 年 1 月 8 日，赵某向法院起诉，请求确认婚姻无效，主张两人非婚生子的抚养权，并主张精神损害抚慰金 50000 元，称其在不知情的情况下与王某某结婚生子，王某某的欺骗行为使其遭受了巨大的精神打击。

一审判决认为，王某某在与翟某某婚姻关系存续期间，以山东省的户籍信息与赵某在天津市登记结婚，以夫妻名义共同生活，并育有一子。2017 年王某某犯重婚罪，被判处有期徒刑八个月，缓刑一年。赵某与王某某的婚姻关系自始没有法律约束力，赵某要求确认与王某某的婚姻关系无效的诉讼请求，法院予以支持，确定双方非婚生子由赵某直接抚养。王某某的重婚行为导致双方的婚姻无效，给赵某的身心造成了伤害，赵某作为无过错方要求王某某支付精神抚慰金 50000 元不违反法律规定，予以支持。一审判决后，当事人均未提起上诉。

婚姻无效或者被撤销的，这是《民法典》婚姻家庭编的内容。我国实行一夫一妻的婚姻制度，无过错方有权请求损害赔偿，重婚行为不但侵犯无过错方的配偶权，也严重破坏婚姻家庭关系的稳定。对重婚行为人依法追究刑事责任的同时，还可以依据《民法典》的规定，判令其向

---

① 参见《赵某诉王某离婚纠纷案》，载天津法院网 https://tjfy.tjcourt.gov.cn/article/detail/2021/11/id/6366336.shtml，最后访问日期：2023 年 2 月 27 日。

无过错方承担损害赔偿责任。本案中，王某某在与他人婚姻关系存续期间隐瞒已婚事实与赵某登记结婚，其重婚行为构成犯罪，被判处刑事处罚，同时其与赵某的婚姻关系应属无效。因此赵某主张确认婚姻无效并要求王某某给予精神损害赔偿，理由正当，于法有据。本案适用《民法典》关于无过错方可以依法请求损害赔偿的规定，体现了对婚姻关系中无过错方合法权益的充分保障。

10. 前一婚姻未解除又与他人以夫妻名义共同生活，在未办理结婚登记的情况下就不算重婚吗？①

张某某与杨某某于 2005 年在原籍登记结婚，婚后育有一子一女。2011 年间，张某某通过 QQ 与被害人陈某某聊天相识，后二人在 T 市 J 区一起生活。2012 年间，陈某某发现张某某有妻子有家庭便与其分手。2015 年间，张某某联系陈某某，称自己已经离婚，陈某某便同意与其一起生活，二人在 J 区居住。陈某某以二人是夫妻的身份将张某某介绍给自己的家人和朋友。2017 年，陈某某生育一女，其女出生 10 天时，张某某为其女操办“十日宴”，宴请亲朋好友。后来，陈某某到张某某的原籍，发现张某某并未离婚，二人发生矛盾，张某某向陈某某承诺与其妻离婚，但并未真正实施。2019 年，陈某某向公安机关报案。J 区人民检察院以张某某犯重婚罪向人民法院提起公诉。

法院认为，被告人张某某有配偶而与他人以夫妻名义共同生活，其行为已构成重婚罪，经公安机关规劝投案后，能如实交代自己的犯罪事实，是自首，依法可从轻处罚，判决：张某某犯重婚罪，判处有期徒刑 8 个月。

本案是一起重婚犯罪典型案例。重婚是指有配偶又与他人结婚，或者明知他人有配偶而与之结婚的行为。它具有两种形式：一是法律上的

---

① 参见天津市高级人民法院研究室：《天津法院保护妇女权益典型案例》，张某某重婚案，载天津法院网 https：//tjfy. tjcourt. gov. cn/article/detail/2020/03/id/4839412. shtml，最后访问日期：2023 年 2 月 27 日。

重婚，即前一婚姻未解除，又与他人办理结婚登记手续而构成的重婚；二是事实上的重婚，即前一婚姻未解除，又与他人以夫妻名义共同生活，虽未办理结婚登记手续，但事实上已构成重婚。重婚行为不仅仅破坏了正常的家庭关系，败坏了社会风气，更是法律明文禁止的犯罪行为。本案中，被告人在已有配偶的情况下，与他人以夫妻名义同居，生育一女，并为其女举办"十日宴"宴请亲朋，公开二人的夫妻关系，构成事实上的婚姻。本案的审理保护了受害人的合法权益，制裁了重婚行为，有力维护了我国一夫一妻制的严肃性。

关联参见

《民法典》第 1042 条、第 1047 条、第 1048 条；《刑法》第 258 条；《民事诉讼法》第 153 条；《民法典婚姻家庭编解释（一）》第 9—17 条

第一千零五十二条　【受胁迫婚姻的撤销】 因胁迫结婚的，受胁迫的一方可以向人民法院请求撤销婚姻。

请求撤销婚姻的，应当自胁迫行为终止之日起一年内提出。

被非法限制人身自由的当事人请求撤销婚姻的，应当自恢复人身自由之日起一年内提出。

条文解读

胁迫 ➲ 行为人以给另一方当事人或者其近亲属的生命、身体、健康、名誉、财产等方面造成损害为要挟，迫使另一方当事人违背真实意愿结婚的，可以认定为本条所称的"胁迫"。

因受胁迫而请求撤销婚姻的，只能是受胁迫一方的婚姻关系当事人本人。

可撤销婚姻 ➲ 可撤销婚姻，是指当事人因意思表示不真实而成立的婚姻，或者当事人成立的婚姻在结婚的要件上有欠缺，通过有撤销

权的当事人行使撤销权，使已经发生法律效力的婚姻关系失去法律效力。

实务应用

17. 请求撤销婚姻的，诉讼时效的限制有哪些？

请求撤销婚姻的，应当自胁迫行为终止之日起 1 年内提出，但是不适用诉讼时效中止、中断或者延长的规定。

受胁迫或者被非法限制人身自由的当事人请求撤销婚姻的，不适用“应当自胁迫行为终止之日起一年内提出”的规定。

当事人以《民法典》施行前受胁迫结婚为由请求人民法院撤销婚姻的，撤销权的行使期限适用“应当自胁迫行为终止之日起一年内提出”的规定。

关联参见

《民法典婚姻家庭编解释（一）》第 18 条、第 19 条；《最高人民法院关于适用〈中华人民共和国民法典〉时间效力的若干规定》第 26 条

第一千零五十三条　【隐瞒重大疾病的可撤销婚姻】一方患有重大疾病的，应当在结婚登记前如实告知另一方；不如实告知的，另一方可以向人民法院请求撤销婚姻。

请求撤销婚姻的，应当自知道或者应当知道撤销事由之日起一年内提出。

条文解读

“知道”与“应当知道” ➲“知道”是指有直接和充分的证据证明当事人知道对方患病。“应当知道”是指虽然没有直接和充分的证据证明当事人知道，但是根据生活经验相关事实和证据，按照一般人的普遍认知能力，运用逻辑推理可以推断当事人知道对方患病。

实务应用

18. 一方患有重大疾病未如实告知，另一方两年后才发现，还能请求撤销婚姻吗？

如果不知情的一方不能在知道或者应当知道撤销事由之日起 1 年内提出撤销婚姻，就只能通过协议离婚或者诉讼离婚的程序解除婚姻关系。

案例指引

11. 一方患艾滋病，婚前未告知另一方，属无效婚姻还是可撤销婚姻？①

林某和张某经人介绍相识，于 2020 年 6 月 28 日登记结婚。在登记之后，张某向林某坦白其患有艾滋病多年，并且长期吃药。2020 年 7 月，林某被迫人工终止妊娠。2020 年 10 月，林某提起诉讼要求宣告婚姻无效。诉讼中，林某明确若婚姻无效不能成立，则请求撤销婚姻，对此，张某亦无异议。

法院认为，自然人依法享有缔结婚姻等合法权益，张某虽患有艾滋病，但不属于婚姻无效的情形。林某又提出撤销婚姻的请求，张某对此亦无异议，为减少当事人讼累，人民法院一并予以处理。张某所患疾病对婚姻生活有重大影响，属于婚前应告知林某的重大疾病，但张某未在结婚登记前告知林某，显属不当。故判决撤销林某与张某的婚姻关系。

本案是依法适用民法典相关规定判决撤销婚姻的典型案例。对于一方患有重大疾病，未在结婚登记前如实告知另一方的情形，民法典明确另一方可以向人民法院请求撤销婚姻。本案中，人民法院依法适用民法

---

① 参见《人民法院贯彻实施民法典典型案例（第二批）》（2023 年 1 月 12 日发布），林某诉张某撤销婚姻纠纷案，载最高人民法院网 https：//www. court. gov. cn/zixun-xiangqing-386521. html，最后访问日期：2023 年 2 月 27 日。

典相关规定，判决撤销双方的婚姻关系，不仅有效保护了案件中无过错方的合法权益，也符合社会大众对公平正义、诚实信用的良好期待，弘扬了社会主义核心价值观。

第一千零五十四条　【婚姻无效或被撤销的法律后果】 无效的或者被撤销的婚姻自始没有法律约束力，当事人不具有夫妻的权利和义务。同居期间所得的财产，由当事人协议处理；协议不成的，由人民法院根据照顾无过错方的原则判决。对重婚导致的无效婚姻的财产处理，不得侵害合法婚姻当事人的财产权益。当事人所生的子女，适用本法关于父母子女的规定。

婚姻无效或者被撤销的，无过错方有权请求损害赔偿。

条文解读

自始没有法律约束力 ➜ 指无效婚姻或者可撤销婚姻在依法被确认无效或者被撤销时，才确定该婚姻自始不受法律保护。

无效或者被撤销的婚姻，同居期间所得财产的处理 ➜ 被确认无效或者被撤销的婚姻，当事人同居期间所得的财产，除有证据证明为当事人一方所有的以外，按共同共有处理。

无效或者被撤销婚姻当事人的权利和义务 ➜ 无效或者被撤销的婚姻，当事人之间不具有夫妻的权利和义务。本法规定，夫妻有互相扶养的义务。一方不履行扶养义务时，需要扶养的一方，有要求对方给付扶养费的权利。夫妻有相互继承遗产的权利。夫妻一方因抚育子女、照料老人、协助另一方工作等负担较多义务的，离婚时有权向另一方请求补偿。另一方应当给予补偿。离婚时，如一方生活困难，有负担能力的另一方应当给予适当帮助。因一方重婚或者与他人同居、实施家庭暴力、虐待、遗弃家庭成员或者其他重大过错而导致离婚的，无过错方有权请求损害赔偿。本法有关夫妻权利义务的规定，前提是合法婚姻，是有效婚姻。由于无效婚姻、可撤销婚姻欠缺婚姻成立的法定条件，是不合法婚姻，有关夫妻权利义务的规定对无效婚姻、被撤销婚姻的当事人都不适用。

无效或者被撤销的婚姻当事人所生子女的权利义务 ➲ 无效或者被撤销的婚姻当事人所生子女的权利义务，与合法婚姻当事人所生子女的权利义务相同，如父母对未成年子女有抚养、教育和保护的义务，成年子女对父母有赡养、扶助和保护的义务。父母不履行抚养义务的，未成年子女或者不能独立生活的成年子女，有要求父母给付抚养费的权利。成年子女不履行赡养义务的，缺乏劳动能力或者生活困难的父母，有要求成年子女给付赡养费的权利。父母有教育、保护未成年子女的权利和义务，未成年子女造成他人损害的，父母应当依法承担民事责任。婚姻关系被确认为无效或者被撤销后，父母对子女仍有抚养和教育的权利和义务，一方抚养子女，另一方应负担部分或者全部抚养费。不直接抚养子女的父或母，有探望子女的权利，另一方有协助的义务。

实务应用

19. 无效婚姻和可撤销婚姻有什么不同?

无效婚姻和可撤销婚姻虽然在法律后果上是一致的（婚姻关系自始不发生法律约束力，即从当事人结婚之时婚姻就没有法律效力），但无效婚姻和可撤销婚姻还是存在不同之处：(1) 无效婚姻是违反禁止结婚条件的，当事人或是已有配偶，或是有不能结婚的亲属关系，或是未到法定年龄；可撤销婚姻是因为胁迫，本不自愿，或者因为受隐瞒重大疾病使认识错误，如果知道就不会结婚。(2) 对于无效婚姻，当事人、利害关系人和相关组织都可以申请无效，人民法院可依法宣告无效；受胁迫和受隐瞒重大疾病的两类可撤销婚姻，只有当事人可以申请撤销，人民法院必须依当事人的申请撤销。(3) 无效婚姻的宣告没有时间上的限制，人民法院根据实际情况而裁判是否宣告无效；可撤销婚姻要求当事人必须在规定的时间内提出，超出规定的时间则不能再提出撤销申请，如要解除婚姻关系只能走离婚的程序。

20. 怎么理解“对重婚导致的无效婚姻的财产处理，不得侵害合法婚姻当事人的财产权益”？

对因重婚导致婚姻无效的财产的处理，不得侵害合法婚姻当事人的财产权益，即多分重婚导致的无效婚姻当事人同居期间所得财产给无过错方，不得侵害重婚一方合法婚姻的配偶一方当事人的财产权益。例如，甲有配偶又与乙登记结婚，人民法院根据照顾无过错方的原则，分割甲乙在无效婚姻期间所得财产时，不能将本应是甲第一个合法婚姻的夫妻共同财产分给乙。

关联参见

《民法典》第1071条；《民法典婚姻家庭编解释（一）》第20—22条

第三章　家庭关系

第一节　夫妻关系

第一千零五十五条　【夫妻平等】 夫妻在婚姻家庭中地位平等。

实务应用

21. 夫妻家庭地位平等意味着对等、平均吗？

夫妻在婚姻家庭中地位平等，不是指夫妻的权利义务一一对等，更不是指夫妻要平均承担家庭劳务等。平等不是平均，权利义务可以合理分配和承担，家庭劳务也可以合理分担。对于婚姻家庭事务，夫妻双方均有权发表意见，应当协商作出决定，一方不应独断专行。

第一千零五十六条　【夫妻姓名权】 夫妻双方都有各自使用自己姓名的权利。

条文解读

姓名权 ➲ 姓名权是指自然人依法享有的决定、使用、变更或者许可他人使用自己的姓名并排除他人干涉或者非法使用的权利。

根据本条规定，自然人的姓名权不受婚姻的影响，男女双方结婚后，其婚前姓名无须改变，妇女结婚后仍然有权使用自己的姓名。

实务应用

22. 姓名权的内容包括哪些方面？

姓名权的内容包括：(1) 姓名决定权。姓名决定权是指自然人决定其姓名的权利。(2) 姓名变更权。姓名变更权是指自然人变更其姓名的权利。(3) 姓名使用权。姓名使用权是指自然人依法使用自己姓名的权利。包括自己使用、不使用和禁止他人使用的权利。(4) 姓名许可他人使用权。姓名许可他人使用权是指自然人依法许可他人使用自己姓名的权利。(5) 姓名维护权。姓名维护权是指自然人在自己的姓名权受到侵害时，有权提出停止侵害、排除妨害、赔偿损失等请求，以保护自己的姓名权的权利。

关联参见

《民法典》第 1012 条、第 1014 条

第一千零五十七条 【夫妻人身自由权】 夫妻双方都有参加生产、工作、学习和社会活动的自由，一方不得对另一方加以限制或者干涉。

条文解读

生产、工作 ➲ 作为妇女享有与丈夫同等法律地位的前提，生产、工作是指一切从事的社会职业和社会劳动。妇女享有参加生产、工作的自由权而不受干涉。

学习 ➲ 婚姻家庭法律关系下所指的学习，不仅包括正规的在校学习，也包括扫盲学习、职业培训以及其他各种形式的专业知识与专业技能的学习。

社会活动 ➲ 社会活动包括参政、议政活动，科学、技术、文学、艺术和其他文化活动，各种群众组织、社会团体的活动，以及各种形式的公益活动等。

关联参见

《妇女权益保障法》第 2 条

第一千零五十八条 【夫妻抚养、教育和保护子女的权利义务平等】夫妻双方平等享有对未成年子女抚养、教育和保护的权利，共同承担对未成年子女抚养、教育和保护的义务。

条文解读

抚养 ➲ 抚养是指父母抚育子女的成长，并为他们的生活、学习提供一定的物质条件。

教育 ➲ 教育是指父母要按照法律和道德要求，采取正确的方法，对其未成年子女进行教导并对其行为进行必要的约束。其目的是保障未成年子女的身心健康。

保护 ➲ 保护是指父母应当保护其未成年子女的人身安全和合法权益，预防和排除来自外界的危害，使其未成年子女的身心处于安全状态。

抚养、教育和保护子女既是父母应尽的义务，也是父母应有的权利。

共同亲权原则 ➲ 共同亲权原则实际上是男女平等原则的体现。根据本条规定，对未成年子女抚养、教育和保护的权利由该子女的父母即夫妻双方平等享有，不允许任何一方剥夺对方的这一权利；同样，对未成年子女抚养、教育和保护的义务由夫妻双方共同承担，不允许任何一方不履行这一义务。

实务应用

23. 以没有能力抚养为由拒绝履行抚养义务是否应得到支持？

父母对子女有抚养教育的义务，父母不履行抚养义务时，未成年或不能独立生活的子女，有要求父母给付抚养费的权利，这是法律赋予的权利和义务，也是中华民族的优良传统。无论以任何理由，均不能拒绝履行抚养义务。

关联参见

《民法典》第 26 条；《未成年人保护法》第 19—24 条

第一千零五十九条　【夫妻扶养义务】 夫妻有相互扶养的义务。

需要扶养的一方，在另一方不履行扶养义务时，有要求其给付扶养费的权利。

实务应用

24. 夫妻互相扶养的义务能否自行约定不需履行？

夫妻互相扶养的义务是法定义务，具有强制性，夫妻之间不得以约定形式改变这一法定义务。对不履行扶养义务的一方，另一方有追索扶养费的请求权。当夫或妻一方不履行扶养义务时，需要扶养的一方可以根据本条第 2 款的规定，要求对方给付扶养费。应当给付扶养费的一方拒绝给付或者双方就扶养费数额、支付方式等具体内容产生争议的，需要扶养的另一方可以直接向人民法院提起诉讼，或者向人民调解组织提出调解申请，要求获得扶养费。如果夫或妻一方患病或者没有独立生活能力，有扶养义务的配偶拒绝扶养，情节恶劣，构成遗弃罪的，还应当承担刑事责任。

案例指引

12. 妻子患重病无法自食其力又缺乏收入来源，丈夫是否应当给付扶养费？①

王某（女）与庞某系夫妻关系，二人于 2016 年 8 月登记结婚，2017 年 2 月生育一子。2018 年 6 月，双方发生矛盾，开始分居生活。2018 年 8 月至 10 月，王某因患癌症先后两次住院手术治疗。2019 年 1 月，王某向法院提起诉讼，要求庞某每月给付扶养费 3000 元，此案经调解双方达成协议。2020 年 9 月至 12 月，因王某病情发展，医院建议住院手术以及定期复查治疗。在此期间，庞某未扶养、照顾王某的生活。王某遂再次提起诉讼，要求庞某给付扶养费。

法院认为，婚姻关系存续期间，夫妻有相互扶养的义务。一方不履行扶养义务时，另一方有要求给付扶养费的权利。王某虽未提供证据证明其无劳动能力，但考虑其现没有工作，身患多种疾病需要治疗，且庞某也未能证明王某尚有存款而无需扶养帮助，因此庞某应在能够承受的范围内对王某进行经济帮扶。鉴于庞某月平均收入 5000 元左右且不固定，又尚有赡养老人、抚养子女及个人生活等支出，故综合多方面因素考量，酌情判决庞某每月给付王某扶养费 700 元。

本案是人民法院依法保障生活面临困境的妇女获得扶养费的典型案例。夫妻之间相互扶助，不仅是中华民族的传统家庭美德，也是夫妻双方的义务。本案中，妻子王某由于健康原因无法自食其力，缺乏收入来源，而庞某作为丈夫怠于履行扶养义务，人民法院从道德要求、法律规定出发，判决庞某给付扶养费，有效维护了婚姻关系中妇女一方的合法权益，为培育和弘扬社会主义家庭文明新风尚发挥了良好引导作用。

---

① 参见《天津高院发布保护妇女合法权益典型案例》（2022 年 3 月 8 日发布），王某与庞某扶养费纠纷案，载天津法院网 https://tjfy.tjcourt.gov.cn/article/detail/2022/03/id/6563114.shtml，最后访问日期：2023 年 2 月 27 日。

13. 女方患有重大疾病，法院可以判决不准男方离婚吗？[①]

马某某（男）与任某（女）于 2007 年登记结婚，婚后育有一女。双方婚前、婚初感情较好。任某于 2015 年确诊患有甲状腺乳头状癌、颈部淋巴结转移癌。后马某某曾两次起诉要求离婚，法院均判决驳回马某某的诉讼请求。现马某某再次诉至法院，称夫妻感情已经破裂，要求判决离婚。

法院认为，双方系自由恋爱、自主婚姻，婚前感情基础深厚，婚后感情融洽，婚龄已达 12 年之久，并育有一女。现任某身患多种疾病，需要家人照顾和家庭温暖帮助其渡过难关，任某在庭审中多次表示希望马某某回归家庭。法院念及任某患有重大疾病，更需要马某某的关心及照顾，希望双方在生活中能够互相理解、互相体谅，共同增进夫妻感情，维护好家庭生活，故判决驳回马某某离婚的诉讼请求。

本案是女方患有重大疾病，法院判决不准男方离婚，保护妇女权益的典型案例。根据《民法典》第 1043 条、第 1059 条之规定，夫妻双方应互相关爱、互相帮助，并负有法律上相互扶养的义务。本案中，女方患有多项癌症，且难以治愈，男方现提起离婚，如果法院机械适用法律规定判决双方离婚，可能导致女方情感和经济双重受挫，尤其在女方患有癌症的情况下更是难以承受。故法院通过裁判对于男方不履行夫妻义务，抛弃患有重大疾病的配偶这一行为作出了否定性评价。

关联参见

《民法典》第 1065 条；《刑法》第 262 条；《老年人权益保障法》第 23 条

---

① 参见《马某某与任某离婚纠纷案》，载天津法院网 https：//tjfy. tjcourt. gov. cn/article/detail/2021/03/id/5853394. shtml，最后访问日期：2023 年 2 月 27 日。

第一千零六十条　【夫妻日常家事代理权】 夫妻一方因家庭日常生活需要而实施的民事法律行为，对夫妻双方发生效力，但是夫妻一方与相对人另有约定的除外。

夫妻之间对一方可以实施的民事法律行为范围的限制，不得对抗善意相对人。

条文解读

夫妻日常家事代理权 ➲ 是指夫妻一方因家庭日常生活需要而与第三方为一定民事法律行为时互为代理的权利。夫妻一方在日常家庭事务范围内，与第三方所实施的一定民事法律行为视为依夫妻双方的意思表示所为的民事法律行为，另一方也应承担因此而产生的法律后果。

夫妻日常家事代理权的权利主体 ➲ 法律设立夫妻日常家事代理权这一权利的目的在于扩张夫妻双方的意思自治，使得夫妻双方在日常家庭事务的处理中无须事必躬亲，从而突破夫妻各自在时间、精力上的局限性，满足夫妻共同生活的需要。因此，夫妻日常家事代理权为夫妻双方同等享有，夫妻双方在处理日常家庭事务中互相为代理人，各自都可以行使夫妻日常家事代理权。

夫妻日常家事代理权的存续期间 ➲ 夫妻日常家事代理权由法律直接规定，以夫妻身份的存在为前提。因此，夫妻日常家事代理权只存在于具有合法婚姻关系的配偶之间，始于婚姻关系的确立，终于婚姻关系的解除。在婚姻关系存续期间，夫妻日常家事代理权始终存在。

夫妻日常家事代理权的行使方式 ➲ 夫妻日常家事代理权的行使方式与一般代理不同。本法总则编规定的代理包括委托代理和法定代理，代理人都必须以被代理人的名义实施民事法律行为。而对于夫妻日常家事代理权，夫妻任何一方在日常家事范围内与第三人为民事法律行为时，不必明确其代理权，可直接以自己名义、另一方名义或者双方名义为之。

夫妻日常家事代理权的行使范围 ➲ 夫妻日常家事代理权的行使范围仅限于“因家庭日常生活需要而实施的民事法律行为”，通说概括为

"日常家庭事务"或者"日常家事"。日常家事是指为满足正常夫妻共同生活和家庭生活所必需的，非属人身性的一切事务，如购买食物、衣服等生活用品，正常的娱乐、保健、医疗费用，通常的子女教育费用等。我国城镇居民家庭消费种类主要分为八大类，分别是食品、衣着、家庭设备用品及维修服务、医疗保健、交通通信、文娱教育及服务、居住、其他商品和服务。对"家庭日常生活需要"的范围，可以参考上述八大类家庭消费的分类，根据夫妻共同生活的状态（如双方的职业、身份、资产、收入、兴趣、家庭人数等）和当地一般社会生活习惯予以认定。鉴于我国东、中、西部经济发展不平衡，城乡差异巨大，家庭日常生活的范围在不同地区、不同家庭有很大差异，目前还难以确定一个统一的具体标准。

需要强调的是，家庭日常生活需要的支出是指通常情况下必要的家庭日常消费，主要包括正常的衣食消费、日用品购买、子女抚养教育、老人赡养等各项费用，是维系一个家庭正常生活所必需的开支，立足点在于"必要"。随着我国经济社会和人们家庭观念、家庭生活方式的不断发展变化，在认定是否属于家庭日常生活需要的支出时，也要随着社会的发展变化而不断变化。

夫妻日常家事代理权的行使限制 ➲ 通常情况下，夫妻任何一方都可以在日常家事的范围内行使代理权。但在实际生活中，基于各种考虑，如一方时间、精力、知识、能力上的原因，一方滥用代理权的原因等，有时候夫妻双方会对一方可以实施的民事法律行为有所限制。这种限制在夫妻双方之间是有效的，法律无须加以规制，但为了保护正常交易安全，保护第三人的合法权益，法律明确规定这种限制不能对抗善意相对人。所谓"善意"，是指相对人不知道或者不应当知道夫妻之间对一方可以实施的民事法律行为的限制。比如，妻子与丈夫约定，丈夫不得购买一条以上的香烟，结果丈夫到小卖部购买了两条香烟，小卖部无从知晓夫妻双方对于购买香烟的约定，则该买卖行为是有效的。

夫妻日常家事代理权的法律效力 ➲ 夫妻任何一方行使夫妻日常家事

代理权所实施的民事法律行为，对夫妻双方都发生效力，即该民事法律行为所产生的法律效果归属于夫妻双方。夫妻任何一方基于夫妻日常家事代理权所实施的民事法律行为，设立、变更、终止民事法律关系的一切结果都归属于夫妻双方，取得的权利由夫妻双方共同享有，产生的义务也由夫妻双方共同承担。但是，如果夫妻一方在行使夫妻日常家事代理权的同时，与相对人就该民事法律行为另有约定的，则法律效力依照该约定。比如，丈夫在购买家具时，与家具商约定，该家具购买合同只约束自己，不涉及妻子，则该家具合同所产生的债权债务关系仅在家具商与丈夫之间有效。

实务应用

25. 夫妻单方擅自出卖共有房屋的，如何处理？

夫妻一方未经另一方同意出售夫妻共同所有的房屋，第三人善意购买、支付合理对价并已办理不动产登记，另一方主张追回该房屋的，人民法院不予支持。

夫妻一方擅自处分共同所有的房屋造成另一方损失，离婚时另一方请求赔偿损失的，人民法院应予支持。

关联参见

《民法典婚姻家庭编解释（一）》第28条

第一千零六十一条　【夫妻遗产继承权】夫妻有相互继承遗产的权利。

条文解读

遗产 ➜ 遗产是自然人死亡时遗留的个人合法财产。

夫妻相互遗产继承权以合法的夫妻关系为前提 ➜ 夫妻间的继承权是基于婚姻的法律效力产生的，只有具备合法婚姻关系的夫妻双方才能以配偶身份继承对方的遗产。双方属于婚外姘居的，如“包二奶”的情况下，双方就不享有法定的相互遗产继承权。只有在婚姻关系确立之日起到婚姻关系解除之日止，配偶一方死亡另一方才享有继承权。(1) 男女双方符合法定的结婚条件并依法办理了结婚登记手续，但由于种种原因未同居生活，这种情况下双方是合法婚姻关系，一方死亡时生存的另一方仍可以以配偶身份继承对方的遗产。(2) 在现实生活中，男女双方依法办理了结婚登记手续但尚未举办婚礼，这在法律上仍是合法的婚姻关系。如果这时候一方死亡，生存的另一方仍可以以配偶身份继承对方的遗产。(3) 双方的婚姻根据本法属于无效婚姻的，如重婚，一方死亡时生存的另一方不享有继承权，不能以配偶的资格继承对方的遗产。(4) 双方婚姻根据本法属于可撤销婚姻的，如果婚姻未被撤销之前一方死亡的，生存的另一方可以继承对方的遗产。(5) 双方正处于分居状态或者离婚诉讼的过程中一方死亡时，生存的另一方仍对对方的遗产享有继承权。

遗产继承顺序 ➲ 遗产按照下列顺序继承：(1) 第一顺序：配偶、子女、父母；(2) 第二顺序：兄弟姐妹、祖父母、外祖父母。继承开始后，由第一顺序继承人继承，第二顺序继承人不继承；没有第一顺序继承人继承的，由第二顺序继承人继承。

夫妻共同所有的财产，除有约定的外，遗产分割时，应当先将共同所有的财产的一半分出为配偶所有，其余的为被继承人的遗产。

夫妻一方死亡后另一方再婚的，有权处分所继承的财产，任何组织或者个人不得干涉。

实务应用

26. 遗产与一般财产有哪些不同？

遗产作为特殊的财产与一般财产存在诸多不同：(1) 遗产仅存于特定时间段。遗产是在自然人死亡之后到被分割之前特定时间阶段的财产状态。(2) 遗产在性质上属于财产，被继承人的人身性权利和义务不属于遗产的范围。如著作权中的署名权等人身性权利不能成为遗产被继承。(3) 遗产是自然人死亡时遗留的所有个人财产。被继承人死亡后的所有个人财产都成为遗产，不论财产的形态，只要属于其个人所有的财产都转为遗产。(4) 遗产是自然人死亡时遗留的合法的财产。只有自然人生前合法取得的财产才能成为遗产。

关联参见

《民法典》第 1062 条、第 1063 条、第 1065 条、第 1122 条、第 1125 条、第 1127 条、第 1153 条、第 1157 条

第一千零六十二条　【夫妻共同财产】 夫妻在婚姻关系存续期间所得的下列财产，为夫妻的共同财产，归夫妻共同所有：

（一）工资、奖金、劳务报酬；

（二）生产、经营、投资的收益；

（三）知识产权的收益；

（四）继承或者受赠的财产，但是本法第一千零六十三条第三项规定的除外；

（五）其他应当归共同所有的财产。

夫妻对共同财产，有平等的处理权。

条文解读

夫妻共同财产制 ➔ 我国的夫妻共同财产制采用的是婚后所得共同制，即在婚姻关系存续期间，除个人特有财产和夫妻另有约定外，夫妻双方或者一方所得的财产均归夫妻共同所有，夫妻双方享有平等的占有、使用、收益和处分权利的财产制度。这里的共同所有指的是共同共有，不是按份共有。

夫妻共同财产 ➔ 是在婚姻关系存续期间取得的财产。夫妻任何一方的婚前财产不属于夫妻共同财产。婚姻关系存续期间自合法婚姻缔结之日起到夫妻一方死亡或者离婚生效之日止。

夫妻共同财产的范围 ➡ 关于夫妻共同财产的范围，本条第1款作了列举式的规定：

（1）工资、奖金、劳务报酬。即劳动者的劳动收入，既包括工资、奖金，也包括各种津贴、补贴等劳务报酬。

（2）生产、经营、投资的收益。这包括夫妻一方或者双方从事生产、经营所得的各种收入和投资所得的收入，如农村中的农业生产和城市里的工业生产以及第三产业等各行各业的生产经营投资收益，有劳动收入，也有资本收益，如股票债券收入、股份、股权等资本利得，亦是夫妻共同财产的一种形式。

（3）知识产权的收益。知识产权是一种智力成果权，它既是一种财产权，也是一种人身权，具有很强的人身性，与人身不可分离，婚后一方取得的知识产权权利本身归一方专有，权利也仅归权利人行使，比如作者的配偶无权在其著作中署名，也不能决定作品是否发表。但是，由知识产权取得的经济利益，则属于夫妻共同财产，如因发表作品取得的稿费，因转让专利获得的转让费等，归夫妻共同所有。

（4）继承或者受赠的财产，但遗嘱或者赠与合同中确定只归一方的财产除外。夫妻任何一方继承或者受赠的财产属于夫妻共同财产，但如果遗嘱或者赠与合同中指明财产归夫妻一方所有的，是立遗嘱人或者赠与人根据自己意愿处分财产的表现，基于意思自治，应当尊重其对财产的处分权，该财产归一方所有。

（5）其他应当归共同所有的财产。这项规定属于概括性规定。随着社会经济的发展和人们生活水平的提高，夫妻共同财产的范围在不断地扩大，共同财产的种类在不断地增加，目前，夫妻共同财产已由原来简单的生活用品发展到汽车、房产、股票、债券乃至整个公司、企业等，今后还将出现一些新的财产类型。上述四项只是列举了现已较为明确的共同财产的范围，但难以列举齐全，因此，作了这项概括性规定。

知识产权收益 ➡ 知识产权由人身权利和财产权利两部分构成。人身权利同取得智力成果的人的人身不可分离，是人身关系在法律上的反映。例如，作者在其作品上署名的权利，或对其作品的发表权、修改权等。财产权是指智力成果被法律承认以后，权利人可利用这些智力成果取得报酬或者得到奖励的权利，它是指智力创造性劳动取得的成果。本条所指的知识产权收益，只包括婚姻关系存续期间，实际取得或者已经明确可以取得的财产性收益。

其他应当归共同所有的财产 ➲ 婚姻关系存续期间，下列财产属于"其他应当归共同所有的财产"：（1）一方以个人财产投资取得的收益；（2）男女双方实际取得或者应当取得的住房补贴、住房公积金；（3）男女双方实际取得或者应当取得的基本养老金、破产安置补偿费。

实务应用

27. 女方婚前承租、婚后用共同财产购买的房屋，只登记女方姓名，算个人财产还是共同财产？

一方婚前承租、婚后用共同财产购买的房屋，登记在一方名下的，应当认定为夫妻共同财产。

28. 夫妻双方共同出资设立的公司，一定是共同共有的财产吗？

夫妻双方共同出资设立公司的，应当以各自所有的财产作为注册资本，并各自承担相应的责任。因此，夫妻双方登记注册公司时应当提交财产分割证明。未进行财产分割的，应当认定为夫妻双方以共同共有财产出资设立公司，在夫妻关系存续期间，夫或妻名下的公司股份属于夫妻双方共同共有的财产，作为共同共有人，夫妻双方对该项财产享有平等的占有、使用、收益和处分的权利。

29. 结婚后，父母出资买的房一定是夫妻共同财产吗？

当事人结婚后，父母为双方购置房屋出资的，依照约定处理；没有约定或者约定不明确的，按照《民法典》第 1062 条第 1 款第 4 项规定的原则处理。

案例指引

14. 同居期间的财产能比照夫妻共同财产制度进行分割吗？[①]

张先生与王女士于 2016 年相识并相恋，两人于 2017 年初开始同居，但一直未登记结婚。同居期间，张先生曾多次为王女士购买名牌首饰、化妆品等。此外，张先生名下的农村宅基地也在此期间被拆迁，获得拆迁利益 200 余万元和回迁房两套。

2021 年双方因感情破裂，自行解除了同居关系，但二人就同居期间财产分割问题未能达成一致意见。王女士诉至法院，请求分割张先生的拆迁利益，认为张先生的房屋拆迁发生于二人同居期间，其所获得的拆迁利益也应属于双方共同共有财产，应当比照夫妻共同财产予以分割。同时，张先生提出反诉，请求王女士返还同居期间自己为其购买的名牌首饰及化妆品等物品折价财产补偿 8 万元。

本案中原被告双方自 2017 年开始同居，未能依法进行结婚登记，不符合认定为事实婚姻的条件，同居关系的双方不享有夫妻之间的权利和义务。

关于本案中的拆迁利益，系针对被拆迁人张先生给予的补偿，取得相关拆迁利益与其特定身份相关，故而王女士不能分割相关拆迁利益，该利益属于张先生个人财产。

关于本案中张先生为王女士购买的商品，相识相恋及同居过程中为王女士购买名牌首饰、化妆品，属于交往过程中常见的赠与行为。综合考虑赠与财产的具体情况和二人的收入情况，法院不予支持张先生的返还请求。

法院判决驳回原告王女士的诉讼请求，且驳回被告张先生的反诉请求。

---

① 参见李贵生：《同居期间男友名下宅基地拆迁，分手后女方能否分得拆迁利益?》，载北京法院网 https://bjgy.bjcourt.gov.cn/article/detail/2022/01/id/6499847.shtml，最后访问日期：2023 年 2 月 27 日。

根据《民法典婚姻家庭编解释（一）》第 7 条的规定，在 1994 年 2 月 1 日以前，未办理结婚登记即以夫妻名义同居生活者，只要符合结婚实质要件的，即可认定为事实婚姻，双方当事人的关系适用民法中有关夫妻权利义务的规定。在 1994 年 2 月 1 日之后，必须补办婚姻登记，否则视为同居关系，不适用夫妻之间权利义务的规定。

实践中，非婚同居关系主要以三种形式存在：一是男女均未婚而同居；二是有配偶者与他人同居；三是夫妻双方离婚后在未办理复婚手续的情况下同居。

夫妻共同财产制度构建于合法夫妻关系的基础之上，故对于同居期间财产的处理不能比照夫妻共同财产制度进行分割，应注意以下几点：第一，同居期间的财产分割遵循约定优先原则。如果双方当事人就财产分割问题或子女抚养问题自行协商并达成协议，则法院在审理过程中一般会尊重双方当事人的约定，即私法自治原则。第二，同居期间共同财产须为同居期间取得的财产。同居期间因共同生产、生活形成的债权债务，比如同居期间共同经营所得可形成共同债权，共同抚养未成年子女形成的债务可形成共同债务，可以按照共同债权债务来处理。反之，各自取得的收入不能比照夫妻共同财产形成共同财产，各自负担的债务亦不能形成共同债务，如双方各自赡养老人形成的债务。第三，严格区分个人财产与共同财产的界限。双方同居生活期间共同取得收入和购置的财产，按一般共有财产处理。但如果法律规定某财产为一方所有的财产，或双方事先约定为各自所有，则不能认定为共同财产。比如同居之前一方的个人财产，以及因该财产所产生的孳息；又如一方因受到人身损害获得赔偿或补偿，都属于个人财产。第四，同居期间的赠与物的处理。同居生活前，一方自愿赠送给对方的财物可比照赠与关系处理，赠与方要求返还的，一般不予支持。如果同居一方是以缔结婚姻关系为由向另一方索取财物，尤其是被索取方生活困难的，法院一般酌情判决索取方返还财产。

15. 丈夫在直播平台上打赏巨款，妻子可否索回？[①]

隋某是某直播平台入驻主播。2019年6月，孙某注册成为某直播平台用户，先后在该直播平台充值50万元左右，用于购买虚拟币，向多位主播赠送礼物，其中向隋某赠送礼物金额达35万元左右（隋某自认30万元左右），后孙某妻子即王某发现孙某在该平台充值的行为并就向主播赠送提出异议，致电有关受赠人员，要求退款，隋某退还孙某5万元。王某认为隋某需全部退款，未得到隋某同意。

妻子王某无权要求女主播隋某全部退款。本案中孙某与隋某虽然没有书面赠与合同，但存在事实的赠与。根据法律规定，赠与合同除“具有救灾、扶贫等社会公益、道德义务性质或者经过公证的赠与合同”外，属于实践性合同，一旦赠与人转移财产权，赠与合同就完成，赠与人不可以撤销。故孙某与隋某之间的赠与合同已经完成，赠与人孙某不可以撤销，赠与人妻子王某更无权要求隋某全部退还赠与款项。

本案中，隋某在直播平台为用户提供直播等服务，孙某在接受主播的服务后，获得精神层次上的愉悦，将虚拟币打赏给隋某，亦是一种消费行为，双方之间实际上存在对价给付，即时成立网络服务合同关系，同时亦即时履行。该网络服务合同并不存在我国民法典中有关合同无效情形，故王某要求确认合同无效并要求隋某返还打赏款项的主张无法律依据。

《民法典》第1062条第2款规定：“夫妻对共同财产，有平等的处理权。”夫或妻对夫妻共同所有的财产有平等的处分权，而孙某系具有完全民事行为能力的成年人，隋某在接受打赏时，没有义务去探究款项是否为孙某夫妻双方的共同意思表示，且现金或虚拟币均为种类物，而非特定物，相对人一般以持有状态来分辨归属情况，且隋某取得该打赏

---

① 参见汪萍：《丈夫在直播平台上打赏巨款妻子可否索回?》，载江西法院网 http://jxgy.jxfy.gov.cn/article/detail/2021/07/id/6206566.shtml，最后访问日期：2023年2月27日。

款项系基于其自身的直播服务，因此本案适用善意取得的相关规定，隋某属于善意取得相对人，王某不得以孙某未经其同意相对抗。

16. 丈夫给“第三者”多次转账，妻子还能要回吗？①

2018 年 8 月 8 日，段某与余某登记结婚，婚后生育一子。自 2021 年 10 月起，余某与第三人王某保持不正当关系，双方多次微信互动、约会，余某以微信转账方式多次向王某转款。至 2022 年 10 月，共计转账 35 笔，合计 51010 元。其中金额为“520”元、“1314”元、“5200”元等具有特定含义的转账共计 25 笔。

婚姻关系存续期间所取得的财产，为夫妻共同财产，归夫妻共同所有，夫或妻非因日常生活需要处分夫妻共同财产时，应当协商一致，任何一方无权单独处分夫妻共同财产；夫妻一方超出日常生活需要擅自处理夫妻共同财产的行为，应认定为无效行为。

本案中，余某擅自将夫妻共同财产赠与王某，王某明知余某有配偶而与其保持不正当的情人关系，并收受其赠送财物，其行为有悖于社会公序良俗，故余某的赠与行为无效，法院依法判决王某全部返还。

男方多次向情人微信账户转款的行为，系基于二人之间的婚外情关系而产生的赠与行为，超出了因日常生活需要处理夫妻共同财产的范畴，事前既未征得其妻的同意，事后亦未经过其妻追认。该赠与行为既侵犯了妻子的财产权益，又违背社会公序良俗，应为无效，故其妻有权要求情人返还丈夫向其赠与的钱财。

17. 丈夫可以不经妻子同意将共同房产的一半产权赠与孙子吗？②

孟先生与赵女士育有二女，即孟 A、孟 B，李 C 系孟 A 之子。李 C

---

① 参见何曙光、冯卫：《丈夫给“第三者”多次转账，妻子还能要回吗？》，载湖北省高级人民法院网 http：//hubeigy. hbfy. gov. cn/article/detail/2023/02/id/7157858. shtml，最后访问日期：2023 年 2 月 27 日。

② 参见倪虹：《丈夫擅将夫妻共同房产的一半产权赠与孙子被法院认定无效》，载北京法院网 https：//bjgy. bjcourt. gov. cn/article/detail/2023/02/id/7156584. shtml，最后访问日期：2023 年 2 月 27 日。

为通过其子入学资格审核，未经赵女士同意与孟先生签订《赠与合同》，将孟先生名下50%的房产份额过户至李C名下。后孟先生与赵女士均去世，现孟B将李C、孟A诉至法院，要求确认《赠与合同》无效并将房屋的产权恢复登记至孟先生名下。

经法院审理查明，2018年7月5日，孟先生与赵女士基于赠与合同纠纷将李C诉至法院，要求撤销孟先生与李C之间的《赠与合同》并将涉案房产登记恢复原状。二人在诉状中称，2017年，李C的母亲孟A瞒着赵女士私下与孟先生商议将房屋50%产权过户至李C名下，待入学资格审核通过后立即将相应产权登记恢复原状……整个过程的赠与、过户行为并未取得涉案房屋共有权人赵女士的同意。后赵女士于2019年3月1日去世。2020年6月5日，孟先生撤回起诉，其在撤诉申请中表述：本人自愿将涉案房屋50%赠与李C，本人确定并认可赠与过程，申请撤回对李C赠与合同纠纷案的起诉。

法院经审理后认为，本案所涉房屋系孟先生与赵女士夫妻关系存续期间购买，故应为二人的夫妻共同财产，二人对该房产不分份额地共同享有所有权。关于赠与合同效力问题，涉案房屋系孟先生与赵女士的夫妻共同财产，孟先生与李C对此均明确知悉，二人在未征得赵女士同意的情况下，擅自对该房屋的产权进行分割，孟先生将该房屋50%的份额赠与李C。上述赠与行为，已经严重侵犯了赵女士的财产利益。赵女士生前就对此提出异议，并提起诉讼，但由于赵女士在诉讼期间去世，导致其诉讼目的未能最终实现。现孟B作为赵女士的法定继承人之一再次提起本案诉讼，要求确认孟先生与李C签订的《赠与合同》无效，于法有据，法院予以支持。

关于孟B要求将涉案房屋产权恢复登记的问题。因产权证的颁发属于行政机关的行政行为，不属于人民法院受理民事案件的受案范围，加之原产权人已经去世，故法院对于孟B的该项诉讼请求，不予支持。

《民法典》第1062条第2款规定，夫妻对共同财产，有平等的处理权。在婚姻关系存续期间取得的财产，应为夫妻共同财产，夫或妻对于共同财产享有平等的权利，因日常生活需要处理共同财产的，任何一方均有权决定、处分；超出日常生活需要而对夫妻共同财产作出处理的，夫妻双方应当平等协商，取得一致意见。任何一方超出日常生活需要又未经另一方同意将共同财产予以处分的，即会损害另一方的财产权益。《民法典》第 299 条规定，共同共有人对共有的不动产或者动产共同享有所有权。第 308 条规定，共有人对共有的不动产或者动产没有约定为按份共有或者共同共有，或者约定不明确的，除共有人具有家庭关系等外，视为按份共有。基于夫妻这种特殊的身份关系，夫妻对共同财产没有明确约定为按份共有情形下，形成共同共有。本案涉案房屋属于夫妻共同财产，该房产作为一个不可分割的整体，孟先生与赵女士对房产不分份额地享有所有权，双方无权对共有财产划分个人份额，只有在共同共有关系终止时，才可对共同财产进行分割，从而确定各自财产份额。因此，本案孟先生无权擅自将与赵女士共同共有的房产中 50%份额赠与他人。

《民法典》第 154 条规定，行为人与相对人恶意串通，损害他人合法权益的民事法律行为无效。本案中，赠与合同相对方为孟先生与李 C，双方显然应当知晓涉案房产系孟先生与赵女士夫妻共同财产，在此情况下孟先生仍然处分房屋，李 C 亦接受赠与，对赵女士的财产权益已造成损害，赠与合同应属无效。

此外，对于本案中所涉及类似于房产等不动产或动产物权的处分，若相对方不知道或不应当知道处分人处分的财产是夫妻共同财产，双方系恶意串通的事实便难以认定，那么处分人的处分行为即属无权处分。在相对方符合善意取得前提下，相对方可能取得不动产或动产物权，此时夫或妻等共有权人只能向无权处分一方主张权利；若相对方不构成善意取得，合同可能仍属有效，相对方因无法取得物权所遭受损失可向无处分权人主张。

18. 闪婚闪离后主张分割对方婚内大额收入，法院支持吗？[①]

原告小方诉称，其与小袁登记结婚，婚后育有一子。小袁婚后出轨，被小方发现，双方于结婚一年三个月后协议离婚。离婚后，小方发现小袁名下银行账户在婚内有大额进账，该款项在协议离婚时未予分割。因协商未果，小方诉至法院，请求法院认定大额收入属于夫妻共同财产，并由小方分得600万元。

被告小袁辩称，不同意小方的全部诉讼请求。小袁不存在隐瞒夫妻共同财产的行为，该收入是其在婚前的红酒买卖项目的收益，属于个人财产，小方无权要求分割。

本案审理过程中，经小方申请，法院调取了小袁名下银行账户明细。双方对于银行账户收入的款项金额以及款项来源均无异议，认可款项来源于红酒买卖项目，但小方主张小袁故意隐藏夫妻共同财产，应当少分或不分，而小袁坚持认为款项是其个人婚前财产，小方无权主张分割。

法院认为，对于夫妻共同财产的认定不能仅仅从财产或相关权益的获取时间上判断。本案中，虽然获取大额收入的时间为双方婚姻关系存续期间，但考虑到双方婚姻关系存续期间较短，该部分款项获取时间亦在双方缔结婚姻关系之初。因此，在认定夫妻共同财产时还应着重考虑夫妻协力的因素，即应考虑该财产的获取是否凝聚了配偶一方的贡献。现双方对于收入来源均无异议，小方虽主张参与了相关项目，却并未提交相应证据予以证明。

从小袁的账户来看，在小方所主张的相关大额收入期间，小袁的支出方式基本为微信、支付宝等生活性消费支出，并无相应经营项目的成本支出，此亦可印证小袁关于上述大额收入来源于其婚前经营项目的陈述。在缺乏证据证明小方对大额收入具有相当贡献的情况下，无法认定

---

① 参见朱珺：《闪婚闪离后主张分割对方婚内大额收入，法院为什么不支持?》，载北京法院网 https：//bjgy. bjcourt. gov. cn/article/detail/2022/04/id/6620589. shtml，最后访问日期：2023 年 2 月 27 日。

收入为夫妻共同财产，法院最终认定小方无权对存款主张分割。

宣判后，原告小方提起上诉。后在二审期间，小方撤回上诉。

19. 一方以明显低于市场价格的不合理低价进行夫妻共有房屋交易，怎么处理？[①]

孙某与李某系夫妻关系，双方于 2015 年登记结婚。2018 年，李某以 214 万元的价格购买了案涉房屋。后因双方发生矛盾，孙某于 2021 年 5 月 6 日起诉李某要求离婚。2021 年 5 月 6 日，李某与其父李某某在房管部门签订协议，约定李某以 60 万元的价格将案涉房屋出售给李某某，且不经资金监管。2021 年 5 月 8 日，案涉房屋变更登记至李某某名下，李某某实际未支付对价。现案涉房屋由李某某夫妇居住。孙某以李某、李某某恶意串通转移夫妻共有房屋为由，向法院提起诉讼，请求确认李某与李某某签订的房屋买卖协议无效，并将案涉房屋恢复登记至李某名下。

法院认为，案涉房屋系李某于夫妻关系存续期间购买，属夫妻共同财产。李某某、李某父子在李某与孙某矛盾激化期间、孙某提起离婚诉讼之时，以明显低于市场价格的不合理低价进行案涉房屋交易，对李某与孙某的夫妻共同财产进行处分、转移，且未实际支付房款，足以认定李某某、李某在此次交易过程中的主观恶意。故案涉房屋买卖协议系双方恶意串通，损害了孙某的利益，遂依法认定案涉房屋买卖协议无效，并判决李某某与李某将案涉房屋恢复登记至李某名下。

本案是人民法院依法认定丈夫与他人恶意串通转让夫妻共有房屋的协议无效，保护妇女财产权益的典型案例。夫妻之间应当互相忠实，互相尊重。本案中，面对与孙某之间的离婚纠纷，李某非但没有积极通过合理合法途径寻求解决，反而在双方矛盾激化期间，与其父亲恶意串通，转移夫妻共同财产，严重损害了孙某对夫妻共同财产享有的平等处

---

① 参见《天津高院发布保护妇女合法权益典型案例》，孙某与李某、李某某婚姻家庭纠纷案，载天津法院网 https：//tjfy. tjcourt. gov. cn/article/detail/2022/03/id/6563114. shtml，最后访问日期：2023 年 2 月 27 日。

理权。人民法院经过对交易过程的严格审查，认定李某与其父亲所签房屋买卖协议无效，充分维护了妇女一方的合法财产权益，对构建平等、和睦、文明的婚姻家庭关系起到良好示范效果。

关联参见

《民法典婚姻家庭编解释（一）》第24—29条

第一千零六十三条 【夫妻个人财产】 下列财产为夫妻一方的个人财产：

（一）一方的婚前财产；

（二）一方因受到人身损害获得的赔偿或者补偿；

（三）遗嘱或者赠与合同中确定只归一方的财产；

（四）一方专用的生活用品；

（五）其他应当归一方的财产。

条文解读

夫妻个人财产 又称夫妻特有财产、夫妻保留财产。是指夫妻在实行共同财产制的同时，依照法律规定或者夫妻约定，夫妻各自保留的一定范围的个人所有财产。根据产生的原因不同，个人财产可分为法定的个人财产和约定的个人财产。法定的个人财产，是指依照法律规定所确认的夫妻双方各自保留的个人财产。本条即属于法定个人财产的规定。

夫妻个人财产的范围 关于我国夫妻个人财产的范围，本条作了列举式的规定：

（1）一方的婚前财产。婚前财产是指夫妻在结婚之前各自所有的财产，包括婚前个人劳动所得财产、继承或者受赠的财产以及其他合法财产。婚前财产归各自所有，不属于夫妻共同财产。

（2）一方因受到人身损害获得的赔偿或者补偿。这些财产是指与生命健康直接相关的财产，具有人身专属性，对于保护个人权利具有重要意义，因此应当专属于个人所有，而不能成为共同财产。

（3）遗嘱或者赠与合同中确定只归一方的财产。根据《民法典》第 1062 条第 1 款第 4 项的规定，因继承或者受赠的财产，属于夫妻共同财产。但为了尊重遗嘱人或者赠与人的个人意愿，保护个人对其财产的自由处分权，如果遗嘱人或者赠与人在遗嘱或者赠与合同中明确指出，该财产只遗赠或者赠给夫妻一方，另一方无权享用，那么，该财产就属于夫妻个人财产，归一方个人所有。

（4）一方专用的生活用品。一方专用的生活用品具有专属于个人使用的特点，如个人的衣服、鞋帽等，应当属于夫妻个人财产。我国司法实践中，在处理离婚财产分割时，一般也将个人专用的生活物品，作为个人财产处理。

（5）其他应当归一方的财产。这项规定属于概括性规定。夫妻个人财产除前四项的规定外，还包括其他一些财产和财产权利。随着社会经济的发展、新的财产类型的出现以及个人独立意识的增强，夫妻个人财产的范围也将有所增加。

实务应用

30. 结婚前，父母出资买的房一定是个人财产吗？

当事人结婚前，父母为双方购置房屋出资的，该出资应当认定为对自己子女个人的赠与，但父母明确表示赠与双方的除外。该出资不因婚姻关系的延续而转化为夫妻共同财产，但当事人另有约定的除外。

案例指引

20. 离婚时能否分割配偶一方所得的死亡赔偿金？[①]

袁某因与崔某性格不合要求离婚，崔某同意离婚，但双方就袁某父

① 参见彭微、胡睿：《离婚时能否分割配偶一方所得的死亡赔偿金》，载江西法院网 http：//jxgy. jxfy. gov. cn/article/detail/2022/03/id/6591791. shtml，最后访问日期：2023 年 2 月 27 日。

亲死亡获得的死亡赔偿金争执未果，崔某要求分割该部分款项。

袁某因父亲死亡获得的死亡赔偿金系其个人财产，并非遗产，不应作为夫妻共同财产予以分割。

离婚诉讼当中，应查明夫妻共同财产并依法予以分割，但上述袁某所获得的死亡赔偿金并非遗产，即并非夫妻共同财产，故崔某无权要求分割。具体理由：(1) 据《民法典》第 1063 条之规定。(2)《最高人民法院关于空难死亡赔偿金能否作为遗产处理的复函》〔2004〕民一他字第 26 号（2005 年 3 月 22 日最高人民法院公布）：广东省高级人民法院：你院粤高法民一请字〔2004〕1 号《关于死亡赔偿金能否作为遗产处理的请示》收悉。经研究，答复如下：空难死亡赔偿金是基于死者死亡对死者近亲属所支付的赔偿。获得空难死亡赔偿金的权利人是死者的近亲属，而非死者，故空难死亡赔偿金不宜认定为遗产。该回复明确了死亡赔偿金的性质并非遗产。(3) 夫妻共同财产是指夫妻一方或者双方所取得的合法财产。而从死亡赔偿金产生的原因来看，是以受害人生命的丧失为给付条件的，也是死者非正常死亡给其近亲属所带来的损失，这种损失应该视为物质损失和精神损失的混合，也是对死者近亲属的物质和精神的双重赔偿，具有很强的人身性，不属于夫妻共同财产。

21. 婚前购买婚后才登记的车辆应如何分割？①

张某与李某相识谈婚，婚前张某父母通过银行向张某转账 19.8 万元全款购买一辆小轿车，作为女儿出嫁的陪嫁品。购车过程中以张某名义办理了相关手续，婚后将该车辆登记在张某名下，现双方感情破裂要求离婚，关于车辆分割问题产生分歧。

该车辆系张某父母作为女儿陪嫁物品出资购买，应属于张某的婚前财产，归张某所有。

赠予是赠与人将自己的财产无偿给予受赠人，受赠人表示接受的一

① 参见刘艳萍：《婚前购买婚后才登记的车辆应如何分割》，载江西法院网 http：//jxgy.jxfy.gov.cn/article/detail/2020/03/id/4874101.shtml，最后访问日期：2023 年 2 月 27 日。

种行为，赠予不仅要有赠予的行为，还需要有赠予的意思表示。本案中，张某父母为女儿结婚而出钱购车，供婚后使用，并没有将所购车辆赠予李某的意思表示，李某也没有相关证据证实涉案车辆是张某父母赠予的事实，该车辆的出资应当认定为张某父母对自己女儿张某的个人赠予。

车辆作为特殊的动产，其并不是以登记作为取得所有权的要件，而是以购买取得所有权。购买车辆取得所有权后，可因所有权人的处置行为而发生相应物权的变动。本案车辆系张某和李某婚前登记之前购买的，购车款由张某父母转账至张某银行账户，并由张某向到汽车销售公司支付购车款，从而取得该涉案车辆的所有权。虽婚后才将车辆登记在了张某名下，但也并没有赠予李某的意思表示，更没有其他处置的行为，不能因此而改变张某父母出资给张某购买车辆作为陪嫁品的事实，且购买该车的初衷是希望张某与李某缔结婚姻关系，作为长期共同生活使用的交通工具，其性质还是属于婚前财产。

《民法典》第1063条规定“其他应当归一方的财产”，本案中该车所有权归属的认定应适用该项的规定，原、被告讼争的车辆虽婚后才登记，但实为女方娘家陪送的嫁妆。认定该车为双方的夫妻共同财产，显然有悖于民间风俗。

关联参见

《民法典》第1062条；《民法典婚姻家庭编解释（一）》第29—31条

第一千零六十四条　【夫妻共同债务】夫妻双方共同签名或者夫妻一方事后追认等共同意思表示所负的债务，以及夫妻一方在婚姻关系存续期间以个人名义为家庭日常生活需要所负的债务，属于夫妻共同债务。

夫妻一方在婚姻关系存续期间以个人名义超出家庭日常生活需

要所负的债务，不属于夫妻共同债务；但是，债权人能够证明该债务用于夫妻共同生活、共同生产经营或者基于夫妻双方共同意思表示的除外。

条文解读

夫妻共同债务的情形 ➲ 本条规定了三类比较重要的夫妻共同债务，即基于共同意思表示所负的夫妻共同债务、为家庭日常生活需要所负的夫妻共同债务、债权人能够证明的夫妻共同债务。

夫妻双方共同签名或者夫妻一方事后追认等共同意思表示所负的债务 ➲ 夫妻双方共同签名或者夫妻一方事后追认等共同意思表示所负的债务属于夫妻共同债务。这就是俗称的“共债共签”“共签共债”。本条规定对这一内容加以强调意在引导债权人在形成债务尤其是大额债务时，为避免事后引发不必要的纷争，应加强事前风险防范，尽可能要求夫妻共同签名。

实务应用

31. “夫妻一方在婚姻关系存续期间以个人名义超出家庭日常生活需要所负的债务”一定不属于夫妻共同债务吗？

如果债权人能够证明该债务用于夫妻共同生活、共同生产经营或者基于夫妻双方共同意思表示的，就属于夫妻共同债务，否则，不属于夫妻共同债务，应当属于举债一方的个人债务。这里强调债权人的举证证明责任，能够促进债权人尽到谨慎注意义务，引导相关主体对大额债权债务实行“共债共签”，体现从源头控制纠纷、更加注重交易安全的价值取向，也有利于强化公众的市场风险意识，从而平衡保护债权人和未举债夫妻一方的利益。

22. 离婚当日签的借条是否属夫妻共同债务?[①]

马某与齐某于 2012 年登记结婚，2020 年 11 月 3 日在民政局协议离婚。齐某于 2019 年 11 月 2 日向程某借款 5 万元，约定一年还清，但未归还。2020 年 11 月 3 日，齐某给程某打了一张借条，载明向程某借款 5 万元整。后齐某未还钱，程某要求齐某还钱，马某承担连带责任。

虽然借条签署日期是离婚当日，但借款事实发生在 1 年前，马某应承担连带清偿责任。

民间借贷的借条经常签署于借款之后，本案当中即是如此。虽然本案的借款日期在马某和齐某离婚当日，但该借款发生在一年前，也就是婚姻关系存续期间，若无证据证明系齐某个人欠款，应属夫妻共同债务，马某应对该借款承担连带清偿责任。

23. 购房时父母出资，子女要偿还吗?[②]

王先生与郭女士为夫妻，在婚姻存续期间，婆婆李女士分别向儿子儿媳账户内各转账 170 万元、20 万元，后李女士主张该两笔款项为借款，要求两人返还，因协商未果诉至法院。

李女士诉称，其为王先生的母亲，王先生与郭女士于 2016 年登记结婚，2018 年时郭女士因计划摇号买车向李女士借款 20 万元，李女士将钱转到郭女士名下账户内。2021 年，王先生与郭女士又因购房向李女士借款 170 万元，李女士将该笔款项转到王先生名下账户内，并备注“购房款”，并提交王先生出具的借条佐证。李女士认为，该两笔款项都是王先

---

① 参见江聪越：《离婚当日签的借条是否属夫妻共同债务?”》，载江西法院网 http：//jxgy. jxfy. gov. cn/article/detail/2021/12/id/6463366. shtml，最后访问日期：2023 年 2 月 27 日。

② 参见张艳萍：《婆婆给儿子儿媳的钱，能要求返还吗》，载北京法院网 https：//bjgy. bjcourt. gov. cn/article/detail/2023/01/id/7096208. shtml，最后访问日期：2023 年 2 月 27 日。

生与郭女士夫妻共同借款，故请求王先生与郭女士返还借款共计190万元。

王先生认可李女士的诉讼请求。

郭女士辩称，郭女士与王先生的儿子于2018年出生，李女士转给郭女士20万元是对其生孩子的奖励，是李女士自愿赠与郭女士的，而买车发生在2020年。170万元的“购房款”也是李女士赠与郭女士与王先生的。

法院经审理后认为，李女士向郭女士转账20万元，李女士仅有转账凭证，李女士解释的借款理由为购车，但是郭女士时隔两年才购入车辆，李女士应就双方是否达成借贷关系合意承担举证证明责任，而李女士提交的证据不足以证明双方形成借贷关系。《最高人民法院关于审理民间借贷案件适用法律若干问题的规定》第16条规定：“原告仅依据金融机构的转账凭证提起民间借贷诉讼，被告抗辩转账系偿还双方之前借款或者其他债务的，被告应当对其主张提供证据证明。被告提供相应证据证明其主张后，原告仍应就借贷关系的成立承担举证责任。”故法院对李女士的该笔款项系夫妻共同借款的主张，不予支持。关于李女士2021年向王先生支付170万元款项，李女士已经提交王先生出具的欠条及相关转账支付凭证证明其与王先生、郭女士存在民间借贷关系，完成了初步的举证责任，在李女士否认赠与的意思表示的情况下，郭女士对借贷关系不予认可，认为借条上没有签字、借条形成于王先生郭女士离婚诉讼之后，不构成夫妻共同债务。郭女士辩称李女士在买房时的出资是赠与，应由郭女士承担李女士的出资系赠与的举证责任，本案中郭女士并未提供证据证明李女士的出资系赠与。《民法典》第1064条规定：“夫妻一方在婚姻关系存续期间以个人名义为家庭日常生活需要所负的债务，属于夫妻共同债务。”子女购房时由父母出资给予资助，除明确表示赠与外，应当视为以帮助为目的的临时性资金出借，子女具有偿还的义务，故本案170万元的款项属于王先生、郭女士的借款。法院最终判决王先生、郭女士向李女士返还170万元。

关联参见

《民法典》第1060条

第一千零六十五条 【夫妻约定财产制】男女双方可以约定婚姻关系存续期间所得的财产以及婚前财产归各自所有、共同所有或者部分各自所有、部分共同所有。约定应当采用书面形式。没有约定或者约定不明确的，适用本法第一千零六十二条、第一千零六十三条的规定。

夫妻对婚姻关系存续期间所得的财产以及婚前财产的约定，对双方具有法律约束力。

夫妻对婚姻关系存续期间所得的财产约定归各自所有，夫或者妻一方对外所负的债务，相对人知道该约定的，以夫或者妻一方的个人财产清偿。

条文解读

夫妻约定财产制约定的条件 1. 缔约双方必须具有合法的夫妻身份，未婚同居、婚外同居者对他们之间财产关系的约定，不属于夫妻财产约定。

2. 缔约双方必须具有完全民事行为能力。

3. 约定必须双方自愿。夫妻对财产的约定必须出于真实的意思表示，以欺诈、胁迫等手段使对方在违背真实意思的情况下作出的约定，对方有权请求撤销。

4. 约定的内容必须合法，不得违反法律、行政法规的强制性规定，不得违背公序良俗，不得利用约定恶意串通、损害他人合法权益，约定的内容不得超出夫妻财产的范围，如不得将其他家庭成员的财产列入约定财产的范围，不得利用约定逃避对第三人的债务以及其他法定义务。

夫妻约定财产制约定的方式 ➡ 关于约定的方式，本条第 1 款明确规定“约定应当采用书面形式”。当然如果夫妻以口头形式作出约定，事后对约定没有争议的，该约定也有效。

夫妻约定财产制约定的内容 ➡ 关于约定的内容，本条第 1 款规定“男女双方可以约定婚姻关系存续期间所得的财产以及婚前财产归各自所有、共同所有或者部分各自所有、部分共同所有”。根据这一规定，夫妻既可以对婚姻关系存续期间所得的财产进行约定，也可以对婚前财产进行约定；既可以对全部夫妻财产进行约定，也可以对部分夫妻财产进行约定；既可以概括地约定采用某种夫妻财产制，也可以具体地对某一项夫妻财产进行约定；既可以约定财产所有权的归属或者使用权、管理权、收益权、处分权的行使，也可以约定家庭生活费用的负担、债务清偿责任、婚姻关系终止时财产的分割等事项。

实务应用

32. 产权登记能作为确认不动产权属的唯一依据吗?

夫妻之间达成的婚内财产分割协议是双方通过订立契约对采取何种夫妻财产制所作的约定，是双方协商一致对家庭财产进行内部分配的结果，在不涉及婚姻家庭以外第三人利益的情况下，应当尊重夫妻之间的真实意思表示，按照双方达成的婚内财产分割协议履行，优先保护事实物权人，不宜以产权登记作为确认不动产权属的唯一依据。

案例指引

24. 夫妻之间的财产约定，一方享有撤销权吗?①

王某与林某系夫妻关系，二人于 2010 年 3 月登记结婚。2010 年 2 月，林某购买了一套房产并支付首付款，与王某结婚后共同还贷，婚后

① 参见权成子：《婚姻的“三类协议”，签署需谨慎!》，载北京法院网 https://bjgy.bjcourt.gov.cn/article/detail/2022/01/id/6481624.shtml，最后访问日期：2023 年 2 月 27 日。

获得房产证，房产登记在林某个人名下。2015 年，王某与林某签订《夫妻财产协议》，约定该房产归王某个人所有。后王某诉至法院，要求与林某离婚，并按照《夫妻财产协议》的约定，将房产判归王某一人所有。林某称该房产是其婚前个人财产，《夫妻财产协议》中关于房产的约定实质上是林某将其个人所有的房产赠与王某。因双方并未办理房产更名登记，故林某依法行使撤销权，撤销对林某的赠与，并请求法院判决房产归其所有，婚后共同还贷部分由其对王某进行补偿。法院审理认为，《夫妻财产协议》是王某和林某的真实意思表示，签订过程中无欺诈、胁迫情形，未违反法律法规的强制性规定，也未损害社会公共利益和第三人权益，应当认定为有效，即使没有办理物权转移登记，也不影响王某根据协议约定取得房产的所有权。最后判决王某与林某离婚，案涉房产归王某一人所有。

《民法典》第 1065 条规定了三种夫妻财产约定制的模式，但并不包括将一方所有财产约定为另一方所有的情形，也就是说不包括将一方所有的财产纯赠与另一方的情形。该情形在我国法律上也有规定，即在《民法典婚姻家庭编解释（一）》第 32 条中规定：“婚前或者婚姻关系存续期间，当事人约定将一方所有的房产赠与另一方或者共有，赠与方在赠与房产变更登记之前撤销赠与，另一方请求判令继续履行的，人民法院可以按照民法典第六百五十八条的规定处理。”《民法典》第 658 条规定：“赠与人在赠与财产的权利转移之前可以撤销赠与。经过公证的赠与合同或者依法不得撤销的具有救灾、扶贫、助残等公益、道德义务性质的赠与合同，不适用前款规定。”在实践中，应对《民法典婚姻家庭编解释（一）》第 32 条规定的“赠与情形”做狭义解释，即如何区分夫妻之间的财产赠与和夫妻之间的财产约定，关键看是否将一方的个人财产约定为另一方的个人财产，如果符合上述情形，就是夫妻之间的财产赠与，登记或公证之前，赠与一方享有任意撤销权；如不符合上述情形，则属于夫妻之间的财产约定。本案中，房产首付款虽由林某支付，且房产登记在林某名下，但因与王某登记结婚后，使用夫妻共同财产共同还贷，故房产并非属于林某一方个人财产，不符合夫妻之间的财产赠与情形，应当适用夫妻之间财产约定的相关规定。

关联参见

《民法典》第135条、第143条、第1062条、第1063条；《民法典婚姻家庭编解释（一）》第29—37条

第一千零六十六条　【婚内分割夫妻共同财产】 婚姻关系存续期间，有下列情形之一的，夫妻一方可以向人民法院请求分割共同财产：

（一）一方有隐藏、转移、变卖、毁损、挥霍夫妻共同财产或者伪造夫妻共同债务等严重损害夫妻共同财产利益的行为；

（二）一方负有法定扶养义务的人患重大疾病需要医治，另一方不同意支付相关医疗费用。

条文解读

夫妻一方可以向人民法院请求分割共同财产的法定情形 婚姻关系存续期间，夫妻双方一般不得请求分割共同财产，夫妻一方请求分割共同财产的，人民法院不予支持。只有在法定情形下，夫妻一方才可以向人民法院请求分割共同财产，法定情形有两种：

1. 一方有隐藏、转移、变卖、毁损、挥霍夫妻共同财产或者伪造夫妻共同债务等严重损害夫妻共同财产利益的行为。

隐藏 隐藏指将财产藏匿起来，不让他人发现，使另一方无法获知财产的所在从而无法控制。

转移 转移指私自将财产移往他处，或者将资金取出移往其他账户，脱离另一方的掌握。

变卖 变卖指将财产折价卖给他人。毁损是指采用打碎、拆卸、涂抹等破坏性手段使物品失去原貌，失去或者部分失去原来具有的使用

价值和价值。

挥霍 挥霍指超出合理范围任意处置、浪费夫妻共同财产。伪造夫妻共同债务是指制造内容虚假的债务凭证，包括合同、欠条等，意图侵占另一方财产。

上述违法行为，在主观上只能是故意，不包括过失行为，如因不慎将某些共同财产毁坏，只要没有故意，不属于本条规定之列。

2. 一方负有法定扶养义务的人患重大疾病需要医治，另一方不同意支付相关医疗费用。

本条规定明确仅指法定扶养。本法对法定扶养义务作了明确规定。第1059条规定："夫妻有相互扶养的义务。需要扶养的一方，在另一方不履行扶养义务时，有要求其给付扶养费的权利。"第1067条规定："父母不履行抚养义务的，未成年子女或者不能独立生活的成年子女，有要求父母给付抚养费的权利。成年子女不履行赡养义务的，缺乏劳动能力或者生活困难的父母，有要求成年子女给付赡养费的权利。"第1071条第2款规定："不直接抚养非婚生子女的生父或者生母，应当负担未成年子女或者不能独立生活的成年子女的抚养费。"第1072条第2款规定："继父或者继母和受其抚养教育的继子女间的权利义务关系，适用本法关于父母子女关系的规定。"第1074条规定："有负担能力的祖父母、外祖父母，对于父母已经死亡或者父母无力抚养的未成年孙子女、外孙子女，有抚养的义务。有负担能力的孙子女、外孙子女，对于子女已经死亡或者子女无力赡养的祖父母、外祖父母，有赡养的义务。"第1075条规定："有负担能力的兄、姐，对于父母已经死亡或者父母无力抚养的未成年弟、妹，有扶养的义务。由兄、姐扶养长大的有负担能力的弟、妹，对于缺乏劳动能力又缺乏生活来源的兄、姐，有扶养的义务。"应当根据这些法律规定来确定夫妻一方是否为负有法定扶养义务的人。

关联参见

《民法典》第 1059 条、第 1062 条、第 1067 条、第 1071—1072 条、第 1074—1075 条；《民法典婚姻家庭编解释（一）》第 38 条

第二节　父母子女关系和其他近亲属关系

第一千零六十七条　【父母与子女间的抚养赡养义务】 父母不履行抚养义务的，未成年子女或者不能独立生活的成年子女，有要求父母给付抚养费的权利。

成年子女不履行赡养义务的，缺乏劳动能力或者生活困难的父母，有要求成年子女给付赡养费的权利。

条文解读

不能独立生活的成年子女 尚在校接受高中及其以下学历教育，或者丧失、部分丧失劳动能力等非因主观原因而无法维持正常生活的成年子女，可以认定为本条规定的“不能独立生活的成年子女”。

抚养费 本条所称“抚养费”，包括子女生活费、教育费、医疗费等费用。

婚姻关系存续期间，父母双方或者一方拒不履行抚养子女义务，未成年子女或者不能独立生活的成年子女请求支付抚养费的，人民法院应予支持。

实务应用

33. 父母对子女的抚养义务有哪些？

《宪法》第 49 条就明确规定，父母有抚养教育未成年子女的义务。

父母对未成年子女的抚养是无条件的，在任何情况下都不能免除；即使父母已经离婚，对未成年的子女仍应依法履行抚养的义务。

父母对成年子女的抚养是有条件的，在成年子女没有劳动能力或者

出于某种原因不能独立生活时，父母也要根据需要和可能，负担其生活费用或者给予一定的帮助。对有独立生活能力的成年子女，父母自愿给予经济帮助，法律并不干预。

因父母不履行抚养义务而引起的纠纷，可由有关部门调解或者向人民法院提出追索抚养费的诉讼。人民法院应根据子女的需要和父母的抚养能力，通过调解或者判决，确定抚养费的数额、给付的期限和方法。对拒不履行抚养义务，恶意遗弃未成年子女已构成犯罪的，还应当根据我国刑法的有关规定追究其刑事责任。

34. 子女对父母的赡养义务有哪些？

赡养是指子女在物质上和经济上为父母提供必要的生活条件。一切有经济能力的子女，对丧失劳动能力、无法维持生活的父母，都应予以赡养。如果子女不履行赡养义务，需要赡养的父母可以通过有关部门进行调解或者向人民法院提起诉讼。人民法院在处理赡养纠纷时，应当坚持保护老年人的合法权益的原则，通过调解或者判决使子女依法履行赡养义务。

35. 以财产分配不公为由拒绝尽赡养义务是否应得到支持？

"养儿防老，积谷防饥"，子女对父母有赡养扶助的义务。子女不履行赡养义务时，无劳动能力的或生活困难的父母，有要求子女付给赡养费的权利。这是法律赋予的权利和义务，也是中华民族的优良传统。无论以任何理由，均不能拒绝尽赡养义务。

36. 出嫁女有没有赡养父母的义务？

现实中，很多子女之间签订赡养协议时，仍然有封建思想，尤其是农村地区，如"嫁出去的女，泼出去的水"、"出嫁女无赡养父母的义务"，女儿对父母的赡养义务被人为地免除。但从法律上讲，子女对父母均有赡养义务，女儿不论出嫁与否都与父母存在法律上的赡养关系，不因任何原因而免除。

案例指引

25. 成年子女向父母索要教育费应否支持?[①]

黄某荣与邹某英原系夫妻关系，双方于 2001 年 10 月 11 日生育了儿子小黄，后因夫妻感情破裂，于 2018 年 6 月 15 日在婚姻登记机关办理离婚登记手续。离婚协议载明：儿子小黄由女方邹某英抚养，男方黄某荣每月支付抚养费 1200 元，儿子小黄教育费凭发票由双方各承担 50%，支付到儿子小黄完成大学学业为止。2019 年 10 月 11 日，小黄年满十八周岁成年。2020 年 9 月起，小黄就读江西某理工大学，学制四年，学费 12000 元/年。现就小黄教育费黄某荣与邹某英发生争议。

《民法典》第 1067 条规定，父母不履行抚养义务时，未成年的或不能独立生活的子女，有要求父母给付抚养费的权利。第 1084 条规定，离婚后，父母对于子女仍有抚养、教育、保护的权利和义务。由此可知，父母对子女的抚养义务是法定义务，而要求父母支付抚养费是子女的法定权利。但权利的行使和义务的承担有一定的条件，即“未成年”“不能独立生活”的子女，才能要求父母支付抚养费。《民法典婚姻家庭编解释（一）》第 41 条规定，“不能独立生活的成年子女”，是指尚在校接受高中及其以下学历教育，或者丧失、部分丧失劳动能力等非因主观原因而无法维持正常生活的成年子女。根据上述法律规定，尽管在现实生活中，年满十八周岁的大学生大都没有其他收入，生活来源仍旧依赖于父母的抚养费用，但这是一种亲情和道德上的满足和支持，法律并没有把抚养成年子女上大学作为父母的法定义务。

离婚时的协议约定是双方真实意思表示，协议内容对双方具有约束力，双方均应遵照履行。虽然抚养成年子女并不是父母的法定义务，但如果父母在离婚时的离婚协议上约定了关于成年子女抚养的内容，该约

---

① 参见周志峰：《成年子女向父母索要教育费应否支持?》，载江西法院网 http://jxgy.jxfy.gov.cn/article/detail/2021/07/id/6206612.shtml，最后访问日期：2023 年 2 月 27 日。

定不违反法律规定，约定的义务也应当承担。基于父母子女之间的亲情关系，现实生活中，父母对子女的关爱和抚养支持常常伴随子女一生。法律未将之设定为强制义务，但并不禁止这种基于感情的付出和表达，更不禁止当事人通过约定将之设定为约定义务。而根据合同精神，当事人应当全面履行合同，既然已经将对成年子女的抚养写入合同义务，就不能再以其非法定义务来抗辩而不予履行。

综上所述，法律并不禁止父母通过协议设定对成年子女的抚养义务，离婚协议约定对双方均具有约束力，协议双方均应当遵照履行。故对于小黄大学期间的教育费应由双方各承担一半。

26. 父母尚未离婚，孩子提出给付抚养费请求，怎么处理？①

2015 年 1 月邢某与刘某经人介绍相识恋爱，2015 年 7 月双方登记结婚，2016 年 8 月生育一子刘小某。后因家庭琐事双方产生矛盾，邢某于 2019 年 10 月携刘小某离开双方租住房屋至其父母家居住。邢某为智力四级残疾人，刘某为肢体二级残疾人。2020 年 11 月，刘小某以其母亲邢某为法定代理人向法院提起诉讼，要求刘某支付 2019 年 10 月至 2020 年 11 月期间抚养费共计 28000 元。

刘小某虽要求父亲刘某给付抚养费，但诉讼期间刘小某的母亲邢某与刘某并未离婚，而是处于分居状态。审判过程中，一审法院通过细致调查，发现纠纷的根源在于邢某和刘某的婚姻矛盾。邢某与刘某均系残疾人，双方在自由恋爱的基础上结婚，有较为深厚的感情基础。双方在本案中均表示感情并未破裂，也不想离婚，只是因为双方父母对二人婚姻干涉较多导致矛盾无法予以缓解。考虑到夫妻双方感情并未破裂，本着家事纠纷调解优先的原则，一审法院对夫妻双方及双方父母进行了调解。经调解，邢某与刘某和好，决定共同抚养刘小某，本案按撤诉处理。

---

① 参见红桥法院：《刘小某诉刘某抚养费纠纷案》，载天津法院网 https://tjfy.tjcourt.gov.cn/article/detail/2021/12/id/6430295.shtml，最后访问日期：2023 年 2 月 27 日。

本案是妥善处理残疾人婚姻纠纷的典型案例，虽是抚养费案件，但矛盾的根源却在夫妻双方的婚姻关系上。残疾人婚姻状态的改变将对残疾人的生活产生重大影响，人民法院对残疾人与其配偶之间婚姻关系的处理更为审慎，尽可能挽救尚未“死亡”的婚姻。本案中，如果仅通过判决处理夫妻分居期间子女的抚养费，并不能解决家庭间矛盾的根源。经过细致耐心的调解，缓和了夫妻关系，挽救了残疾人的婚姻，让子女有更加健康的成长环境。

27. 父母具有抚养能力却不抚养，可以免除子女的赡养义务吗？①

张女士生下女儿小张不到一年便回娘家生活，并与丈夫周先生失去了联系，从此缺席了小张的成长，未对女儿尽过抚养义务。23 年后，张女士要求女儿小张给付赡养费。多年后，张女士与周先生离婚。在小张 22 岁时，张女士认为自己年事已高，且身患疾病，只能住在养老院，小张应该履行赡养义务，遂将女儿小张诉至法院，要求每月支付赡养费 2000 元。

女儿小张辩称，张女士作为她法律上的母亲，从未尽过应尽的抚养义务，从未参与她的成长。而且她的情况也很困难，从小相依为命的奶奶和父亲身体都不好，父亲智力有障碍，没有工作，患有高血压、静脉曲张等疾病，一直在住院治疗。年近 80 岁的奶奶也患有心脏病、高血糖、腿部疾病等，两人每年看病支出很多，而自己每个月的收入不到 6000 元，支撑家已经是入不敷出。小张还表示，母亲张女士住进养老院后自己前去探望，母亲虽认不出自己，但能够正常交流，有劳动能力。因而，不管从法定义务、自己的收入和支出状况还是从母亲的身体状况等因素考虑，她都没有义务也没有能力赡养母亲张女士。

赡养父母，孝敬老人是中华民族的传统美德。成年子女不履行赡养义务的，缺乏劳动能力或者生活困难的父母，有要求成年子女给付赡养

---

① 参见牟文洁：《女儿不满周岁母亲离家未尽抚养义务母亲有劳动能力诉女儿赡养被驳回》，载北京法院网 https：//bjgy. bjcourt. gov. cn/article/detail/2022/06/id/6747411. shtml，最后访问日期：2023 年 2 月 27 日。

费的权利。本案中，原告张女士尚未步入老年期。张女士虽然住在养老机构，但未有证据证明其丧失了劳动能力或有精神疾病，因而其要求女儿小张承担赡养义务的事实依据不足。原被告虽然名为母女，但却长期阻隔，无情感交流，张女士也未尽过抚养义务。综上，法院依法驳回了原告张女士的诉讼请求。

根据《民法典》第1067条规定，父母不履行抚养义务的，未成年子女或者不能独立生活的成年子女，有要求父母给付抚养费的权利。成年子女不履行赡养义务的，缺乏劳动能力或者生活困难的父母，有要求成年子女给付赡养费的权利。子女不能将父母是否尽了抚养教育义务作为自己履行赡养父母义务的基础和前提，如果父母确因经济能力或者其他客观原因未能履行抚养义务，且自身缺乏劳动能力或者生活困难时，子女成年后主张免除赡养义务的，法院不予支持。如果父母具有抚养能力而拒不履行抚养义务或者对子女实施虐待、遗弃等行为，情节严重的，可以免除子女的赡养义务。

28. 继子女对继父母是否有赡养义务？①

刘某与前妻离婚时约定由刘某抚养儿子刘小某，后刘某与杜小某母亲再婚。虽然杜小某父母离婚时约定杜小某由父亲抚养，但杜小某从初中后即与刘某夫妇共同生活直至考上大学。刘小某、杜小某毕业后分别到沈阳和上海工作，在生活和精神上对刘某疏于照顾。刘某年近七十，身患不稳定型心绞痛、心脏病等多种慢性疾病，起诉要求刘小某、杜小某履行赡养义务。

一审判决认为，本案的争议焦点为，杜小某是否应对继父刘某承担赡养义务。虽然杜小某父母离婚时约定杜小某抚养权归生父，但杜小某自上初中开始即与刘某共同生活，刘某对杜小某视如己出，给予无私父

---

① 参见《天津高院发布老年人权益保护典型案例》，刘某诉刘小某、杜小某赡养费纠纷案，载天津法院网 https：//tjfy. tjcourt. gov. cn/article/detail/2022/11/id/7028726. shtml，最后访问日期：2023年2月27日。

爱，接送其上下学，生活上对其关心，学业上对其支持、鼓励，支付课外班费用，直至其考上大学，双方已经形成抚养关系，杜小某对刘某负有赡养义务。杜小某毕业后，在上海拥有稳定工作和丰厚收入，对刘某应在经济上给予适当帮助，以使其安度晚年。一审法院根据刘某的身体状况、退休金情况，酌定刘小某、杜小某每人每月给付刘某赡养费。同时在判决书中明确要求杜小某、刘小某应当克服身处外地的客观困难，尽可能创造条件与刘某进行亲情交流，为刘某带来精神上的抚慰。一审判决后，双方当事人均未提起上诉。

本案是解决老年人赡养问题的典型案例。我国已经步入老龄化社会，让老年人老有所养、老有所依、老有所乐、老有所安，成为全社会高度关注的现实问题。本案将司法裁判与弘扬社会主义核心价值观充分结合，关注到了老年人精神赡养的需求，在裁判文书中要求二被告克服困难，创造条件与父亲进行亲情交流，促使子女重视精神赡养义务，关注老年人的心理需求，给予老年人精神上的陪伴和慰藉。本案裁判对于社会公众起到了教育、引导的作用，有利于促进家风文明建设，营造和谐宽容、敬老爱老的舆论氛围和社会风尚。

29. 父母子女两代人共同步入老年阶段发生赡养纠纷，怎么处理？[①]

王某、李某系母子关系，王某现年 92 岁，李某现年 70 岁。王某夫妻生育了包括李某在内的五个子女，王某配偶和长女已先于王某去世。王某曾数次起诉至法院，要求四名子女支付赡养费、医疗费等，上述案件均经调解达成调解协议。本次诉讼系因王某在医院治疗肠癌期间花费大量医疗费，其将医疗费用分配给四个子女平均承担，另外三个子女均已给付完毕，只有李某没有分担，故提起诉讼要求李某分担医疗费用。

① 参见《天津高院发布老年人权益保护典型案例》，王某诉李某赡养费纠纷案，载天津法院网 https：//tjfy. tjcourt. gov. cn/article/detail/2022/11/id/7028726. shtml，最后访问日期：2023 年 2 月 27 日。

一审法院认为，孝敬父母是中华民族的优良传统，成年子女不履行赡养义务的，缺乏劳动能力或者生活困难的父母，有要求成年子女给付赡养费的权利。王某年逾九旬且患有疾病，其产生的大额医疗费由子女均担依据充分，李某提出的其自身患有疾病等因素不能成为其拒绝履行赡养义务的正当理由，相较于王某，李某有配偶的照料和子女的支持，具备承担其所应负担份额医疗费的能力，故对王某主张由李某分担给付医疗费的诉请，予以支持。该案件上诉后，二审判决驳回上诉，维持原判。

本案例系父母子女两代人共同步入老年阶段发生赡养纠纷的典型案例。我国已进入老龄化社会，随着老年人生活医疗保障水平的提高，人均生存年龄持续增长，“老人赡养老人”模式下的利益平衡难题不断涌现。在赡养人和被赡养人同为老年人的情况下，需要综合被赡养人的实际需求、经济状况、子女人数以及赡养人的经济负担能力、身体状况，平衡两者利益之后做出合理合法的裁决。本案的审理是对此类案件审理原则的有益探索，为老年人权益保障提供了更多的行为指引和规则参考。

关联参见

《宪法》第 45 条、第 49 条；《民法典》第 26 条；《老年人权益保障法》第 4 条、第 13 条；《民法典婚姻家庭编解释（一）》第 41—43 条

第一千零六十八条　【父母教育、保护未成年子女的权利和义务】 父母有教育、保护未成年子女的权利和义务。未成年子女造成他人损害的，父母应当依法承担民事责任。

条文解读

教育 所谓“教育”，是指父母要按照法律和道德要求，采取正确的方法，对其未成年子女进行教导，并对其行为进行必要的约束，其

目的是保障未成年子女的身心健康。对未成年子女的管教应当尊重其人格尊严，根据适应未成年人身心发展的特点，通过多种形式进行教育和管束。虽然在管教过程中，父母可以对未成年子女使用适当的惩戒手段，但不得对其使用暴力或以其他形式进行虐待。

父母对未成年子女的保护 ➔ 父母应当保护其未成年子女的人身安全和合法权益，预防和排除来自外界的危害，使其未成年子女的身心处于安全状态。《民法典》第 34 条第 1 款规定："监护人的职责是代理被监护人实施民事法律行为，保护被监护人的人身权利、财产权利以及其他合法权益等。"根据该规定，父母对其未成年子女的保护主要包括人身保护和财产保护。对未成年子女的人身保护主要包括：照顾未成年子女的生活，保护其身体健康；保护未成年子女的人身不受侵害；为未成年子女提供住所等。对未成年子女的财产保护主要是指为未成年子女的利益管理和保护其财产权益，除为未成年子女的利益外，不得处理属于该未成年子女的财产。如果父母未履行监护职责或者侵害未成年子女合法权益，造成未成年子女损失的，应当赔偿损失。父母对未成年子女的保护还体现在，父母代理其未成年子女实施民事法律行为。当未成年子女的权益受到侵害时，其父母有权以法定代理人身份提起诉讼，维护未成年子女的合法权益。

关联参见

《民法典》第 26 条、第 34 条、第 1188 条、第 1189 条；《未成年人保护法》第 15—24 条；《义务教育法》

第一千零六十九条 【子女尊重父母的婚姻权利及赡养义务】

子女应当尊重父母的婚姻权利，不得干涉父母离婚、再婚以及婚后的生活。子女对父母的赡养义务，不因父母的婚姻关系变化而终止。

案例指引

30. 子女能否以父母再婚为由，拒绝履行赡养义务？①

原告庞某某，女，现年 78 岁，先后有两次婚姻，共育有被告张某某等六名子女，其中一名已故。子女中除张某某外均已成家。庞某某诉称其现居住于地瓜中学宿舍，一人独居生活，基本生活来源于拾荒及领取低保金，现年老多病、无经济来源，请求人民法院判令被告张某某等二人每月支付赡养费。

法院认为，成年子女应履行对父母的赡养义务，赡养包括经济上的供养、生活上照料和精神上慰藉。原、被告之间系母子（女）关系，被告应在日常生活中多关心、照顾老人，考虑老人的情感需求，善待老人。考虑到原告共有五个成年子女、部分子女还需赡养原告前夫等现实状况，结合被告张某某等二人的年龄、收入情况及原告实际生活需求，判决张某某等二人于判决生效之日起每月向原告庞某某支付赡养费。

百善孝为先，赡养父母是中华民族的传统美德，也是子女对父母应尽的义务。《民法典》第 1069 条规定，子女应当尊重父母的婚姻权利，不得干涉父母离婚、再婚以及婚后的生活。子女对父母的赡养义务，不因父母的婚姻关系变化而终止。近年来，再婚老人的赡养问题引起社会广泛关注。当前，父母干涉子女婚姻自由的现象越来越少，而子女干涉父母婚姻自由的现象却屡见不鲜，许多子女在父母再婚时设置重重障碍，无情干涉，迫使许多父母牺牲了自己的婚姻自由。有的子女以父母再婚为由，拒绝履行赡养义务。但是，赡养人的赡养义务不因老年人的婚姻关系变化而消除。经过法院的多次调解工作，子女能按时支付老年人的赡养费用，多年的母子情得以重续。

---

① 参见《最高法发布老年人权益保护第二批典型案例》（2022 年 4 月 8 日发布），庞某某诉张某某等二人赡养费纠纷案，载最高人民法院网 https：//www. court. gov. cn/zixun-xiangqing-354121. html，最后访问日期：2023 年 2 月 27 日。

关联参见

《民法典》第 26 条、第 1041 条、第 1067 条；《老年人权益保障法》第 76 条；《刑法》第 257 条、第 261 条

第一千零七十条 【遗产继承权】父母和子女有相互继承遗产的权利。

实务应用

37. 养子女能继承养父母的遗产吗？

子女可以继承其父母的遗产，父母可以继承其子女的遗产。

享有继承权的父母，包括生父母、养父母和有抚养关系的继父母。被继承人的父和母，继承其死亡子女的财产的权利是平等的。

享有继承权的子女，包括亲生子女、养子女和有抚养关系的继子女。

关联参见

《民法典》第 1127 条

第一千零七十一条 【非婚生子女权利】非婚生子女享有与婚生子女同等的权利，任何组织或者个人不得加以危害和歧视。

不直接抚养非婚生子女的生父或者生母，应当负担未成年子女或者不能独立生活的成年子女的抚养费。

条文解读

非婚生子女 ➔ 非婚生子女是指没有婚姻关系的男女所生的子女。包括未婚男女双方所生的子女或者已婚男女与婚外第三人发生两性关系所生的子女。

实务应用

38. 同居关系解除后，同居期间所生子女应该由谁抚养？

非婚生子女应当适用与婚生子女相同的法律规定。不直接抚养非婚生子女的生父或生母，应当负担子女的生活费和教育费，直至子女能独立生活为止。因此，非婚生子女也享有受抚养权，同居双方不能因为同居关系解除而将孩子置之不理。

39. 人工授精所生子女是婚生子女吗？

婚姻关系存续期间，夫妻双方一致同意进行人工授精，所生子女应视为婚生子女，父母子女间的权利义务关系适用《民法典》的有关规定。

关联参见

《民法典婚姻家庭编解释（一）》第40条

第一千零七十二条　【继父母子女之间权利义务】继父母与继子女间，不得虐待或者歧视。

继父或者继母和受其抚养教育的继子女间的权利义务关系，适用本法关于父母子女关系的规定。

条文解读

继父母 ➲ 继父母是指子女母亲或者父亲再婚的配偶。

继子女 ➲ 继子女是指夫或者妻一方与前配偶所生的子女。

实务应用

40. 继父母与继子女的权利义务关系分为哪些类型？

在现实中，继父母与继子女的关系因具体情况的不同而具有不同的权利义务关系，主要可以分为三种类型：

（1）名义型

即生父或者生母与继母或者继父再婚时，继子女已经独立生活，或者继子女虽未成年但是由其生父母抚养，继父母没有尽抚养的义务，继子女也没有对继父母尽到赡养的义务。这种情况下，继父母与继子女之间是纯粹的直系姻亲关系，没有父母子女间的权利义务关系。

（2）收养型

即继父或者继母经继子女的生父母同意，正式办理了收养手续，将继子女收养为养子女。随着收养关系的确立，继父母与继子女之间的关系为养父母子女关系，该子女与和其共同生活的生父或者生母之间的关系仍为直系血亲，而与不在一起共同生活的生父或者生母一方的父母子女关系随之消灭。

（3）共同生活型

即生父（母）与继母（父）再婚时，继子女尚未成年，他们随生父母一方与继父或者继母共同生活时，继父或者继母对其承担了部分或者全部抚养教育义务；或者成年继子女事实上对继父母长期承担了赡养义务，形成了赡养关系。这些继子女和生父母、继父母之间实际上形成了双重权利义务关系，即继子女和生父母、继父母之间的权利义务都适用父母子女关系的规定。本条第 2 款即对此作了规定：“继父或者继母和受其抚养教育的继子女间的权利义务关系，适用本法关于父母子女关系的规定。”

案例指引

31. 继子女不履行给付赡养费判决，继父母可否申请法院强制执行？①

刘某（女）与张某的父亲于 1990 年再婚，张某时年 6 岁。婚后刘某将张某抚养成人，双方之间形成继母子关系。后因与张某的父亲发生

---

① 参见《天津高院发布保护妇女合法权益典型案例》（2022 年 3 月 8 日发布），刘某与张某赡养费纠纷执行案，载天津法院网 https：//tjfy. tjcourt. gov. cn/article/detail/2022/03/id/6563114. shtml，最后访问日期：2023 年 2 月 27 日。

矛盾，刘某于2007年起离家独自在外租房居住。刘某身患系统性红斑狼疮、股骨头坏死等多种疾病，且系肢体二级残疾，已丧失劳动能力，无力负担医疗及生活费用，其遂于2008年向继子张某提起赡养纠纷诉讼。法院经依法审理，判决张某每月给付刘某赡养费500元、承担刘某医疗费的50%。判决生效后，张某没有及时履行义务，刘某遂申请人民法院强制执行张某应给付的赡养费、医疗费19000元。

法院受案后，执行法官立即开展行动，经初步了解，由于双方积怨较深，张某拒不配合执行，虽经多方查找，无法与之取得联系，遂先对张某采取冻结银行账户、限制高消费等一系列强制执行措施，并扣划其部分银行存款。考虑刘某身患重病行动不便的情况，执行法官专程上门将扣划到的执行款发还至刘某手中。同时为彻底化解双方矛盾，充分保障刘某今后生活，执行法官还积极开展调查走访，并寻找到一位双方共同信任的亲属，通过其与张某取得联系。经过耐心地释法析理、动员劝说和调解协商，促成双方和解，刘某自愿撤回了对张某的强制执行申请，最终实现案结事了。

中华民族的传统美德，也是公民作为子女应尽的法律义务，且该义务在继父母子女关系中同样适用。《民法典》第1072条第2款规定，继父或继母和受其抚养教育的继子女之间的权利义务关系，适用本法对父母子女关系的有关规定。本案中，刘某自张某6岁时便与其共同生活并将其抚养长大，双方形成继母子关系，而刘某年老后身患重病且生活困难，张某作为继子理应对其履行赡养义务，承担给付赡养费和医疗费的责任。执行法官经过释法析理和调解劝说，最终促成刘某与张某和解，化解了双方的矛盾纠纷，有力保护了妇女的合法权益，取得了良好的法律效果和社会效果。

第一千零七十三条　【亲子关系异议之诉】对亲子关系有异议且有正当理由的，父或者母可以向人民法院提起诉讼，请求确认或者否认亲子关系。

对亲子关系有异议且有正当理由的，成年子女可以向人民法院提起诉讼，请求确认亲子关系。

条文解读

成年子女请求确定亲子关系 ➲（1）提起诉讼的主体。限于“成年子女”，这里的“子女”仅指生子女，即不包括养子女和继子女。

（2）诉讼请求。成年子女向人民法院提起的诉讼请求为“确认亲子关系”，成年子女不能请求人民法院否认亲子关系。

（3）提起诉讼的条件。成年子女向人民法院请求确认亲子关系的诉讼请求，必须满足“对亲子关系有异议且有正当理由”的条件。

实务应用

41. 当事人拒绝做亲子鉴定该怎么办？

父或者母向人民法院起诉请求否认亲子关系，并已提供必要证据予以证明，另一方没有相反证据又拒绝做亲子鉴定的，人民法院可以认定否认亲子关系一方的主张成立。

父或者母以及成年子女起诉请求确认亲子关系，并提供必要证据予以证明，另一方没有相反证据又拒绝做亲子鉴定的，人民法院可以认定确认亲子关系一方的主张成立。

案例指引

32. 丈夫找代孕生子，妻子能否认亲子关系吗？[1]

高某与郭某是夫妻关系，二人育有一女。“全面二胎”开放后，夫妻俩想再生个孩子，却因为身体、年龄等原因始终未果。2018 年，丈夫

---

① 参见张莉：《丈夫找代孕生子，妻子要求否认亲子关系获支持》，载北京法院网 https://bjgy.bjcourt.gov.cn/article/detail/2021/08/id/6210851.shtml，最后访问日期：2023 年 2 月 27 日。

郭某在妻子不知情的情况下，与他人通过代孕私自生下儿子小郭，并在小郭出生证明上写母亲是高某。“被当妈”的高某称，其不知道代孕的事情，也没见过孩子，直到2019年才知道孩子小郭的存在。

高某将小郭起诉至法院，请求判令高某和小郭之间不存在亲子关系，取消其对小郭的监护权以及小郭对其财产的继承权。

《民法典》第1073条第1款规定，对亲子关系有异议且有正当理由的，父或者母可以向人民法院提起诉讼，请求确认或者否认亲子关系。婚姻关系存续期间，夫妻双方一致同意进行人工授精，所生子女应视为婚生子女，父母子女间的权利义务关系适用民法典的有关规定。

本案中，原告高某提交了2018年3月的医院诊断证明、住院许可证等证据，材料显示高某被诊断为孕6周胎停育，而小郭的出生时间为2018年7月，可证明高某与小郭不可能存在血缘上的亲子关系。高某与郭某皆认可小郭不是双方进行人工授精所生之子，故小郭无法被视为高某与郭某的婚生子女，高某与小郭的关系无法适用民法典关于父母子女间的权利义务关系。郭某表示同意高某的诉讼请求。

最终，法院支持了高某的诉讼请求，确认其与小郭不存在亲子关系。

父母与子女之间的亲子关系涉及抚养、赡养、继承等问题。对亲子关系有异议且有正当理由的，成年子女可以向人民法院提起诉讼，请求确认亲子关系。本案中，尽管出生医学证明及户口本上均显示高某系小郭之母，但根据高某提交的相关证明，可以直接认定高某与郭某不存在血缘上的亲子关系。

此类案件中，父或母可能均知晓子女与其不存在血缘关系，但如果不经过法院确认或否认亲子关系，后续可能围绕抚养、赡养、继承等问题产生纠纷。

关联参见

《民法典婚姻家庭编解释（一）》第39条

第一千零七十四条　【祖孙之间的抚养赡养义务】 有负担能力的祖父母、外祖父母，对于父母已经死亡或者父母无力抚养的未成年孙子女、外孙子女，有抚养的义务。

有负担能力的孙子女、外孙子女，对于子女已经死亡或者子女无力赡养的祖父母、外祖父母，有赡养的义务。

实务应用

42. 祖孙之间当然具有抚养或者赡养义务吗？

祖孙之间抚养或者赡养关系的形成应当具备以下条件：

（1）被抚养、赡养人的父母、子女死亡或者无抚养、赡养能力。

主要包括两种情况：一是子女在未成年时父母双亡，或者父母丧失抚养能力；二是子女在成年后死亡或者丧失扶养能力，无法赡养其父母。第一种情况需要被抚养人的祖父母和外祖父母来承担抚养的义务；第二种情况则需要被扶养人的孙子女和外孙子女来承担赡养的义务。

（2）被抚养、赡养人确实有困难需要被抚养、赡养。祖孙之间扶养关系的形成必须建立在一方确实有困难的基础上，如果被扶养人有一定的经济收入或者经济来源，完全能负担自身的生活所需，那么，就不能要求祖父母、外祖父母或者孙子女、外孙子女来承担其抚养或者赡养义务。

（3）承担抚养、赡养义务的人有一定的抚养、赡养能力。如果法律意义上的抚养、赡养义务人没有一定的抚养、赡养能力，那么就不能再要求其承担相应的法律责任。此外，如果抚养或者赡养义务人有多个人时，比如，被赡养人既有孙子又有外孙女，那么需要当事人协商决定其应当承担的义务。同样，如果抚养或者赡养权利人有多个人时，在抚养或者赡养义务人的经济能力不足以承担全部抚养或者赡养义务时，那么，对于经济状况和身体状况最差者应当优先被抚养或者被赡养。

案例指引

33. 老人将房产低价卖给长子，长子去世后能要求长孙支付赡养费吗？[①]

在2014年，王阿婆为保障自己的晚年生活，将登记在自己名下的房屋以买卖的方式低价出售给了长子李Q并进行了过户，同时其与李Q一家达成了口头协议，李Q一家需保障她在有生之年可以对该房屋享有居住权。王阿婆的其他子女李J、李F、李R知道后因未分得财产而心存芥蒂，不再与王阿婆来往。

2015年，李Q突然因病去世。此后王阿婆几次因病住院，其他三位子女及长孙李H均未对其进行照料，不仅不接电话、不给赡养费，还拒绝前来探望，只能由社区的工作人员陪同看病、住院。2020年初开始，李Q之子李H以结婚为由，在李Q遗产尚未分割的情况下，数次要求王阿婆搬离该房屋另寻住处。王阿婆认为对方的行为已经严重违反了我国关于赡养老人的相关法律规定，于是诉至法院，要求其子女李J、李F、李R，以及其长孙李H每人每月向其支付生活费2000元，每人每月到其住处探望其两次。

被告李J、李F、李R辩称，王阿婆每个月都有固定的退休金以及残疾保障金，而且早已将自己的房产转让给了李Q，现李Q虽然已经去世，他的儿子李H作为主要继承人之一，享受了既得利益，自然需要代替李Q履行赡养义务。况且，李Q一家还和王阿婆签订过相关协议，应当负责王阿婆的日常生活起居。

被告李H辩称，自己没有稳定的收入来源，经济负担较重，并且作为王阿婆的孙子，并没有赡养祖母的法定义务，故不同意支付赡养费。

北京市海淀区人民法院经审理后认为，赡养父母是子女应尽的义

---

① 参见林婷：《老人将房产低价卖给长子，长子去世后能要求长孙支付赡养费吗?》，载北京法院网 https://bjgy.bjcourt.gov.cn/article/detail/2021/10/id/6311363.shtml，最后访问日期：2023年2月27日。

务。王阿婆作为母亲，有权利要求子女在其年老生病时对其进行赡养，子女有赡养老人的义务。本案中，王阿婆已高龄，不仅身体残疾还患有疾病，生活不能自理，需要有人照顾。现王阿婆要求子女对其尽赡养义务，对此请求予以支持。本案中，王阿婆虽有固定的退休金以及残疾保障金，但其年老多病，需每月固定支出看病费用，为确保其老年生活质量，子女应支付赡养费来解决老人的生活问题。对于给付赡养费的数额，本院根据双方实际情况及老人的需求酌情予以判定。

就王阿婆要求长孙李 H 支付赡养费，本院认为，李 H 父亲李 Q 虽已去世，但王阿婆还有其他子女，并且有一定的负担能力，根据法律规定，在该情况下，孙子女没有赡养祖父母的义务，故本院对该请求不予支持。但需要指出的是，家庭应当树立优良家风，弘扬家庭美德。关爱老人、家庭和睦是我们倡导的价值观，子女应当在老人需要时对老人进行探视、照料。

《民法典》第 1067 条第 2 款明确规定，成年子女不履行赡养义务的，缺乏劳动能力或者生活困难的父母，有要求成年子女给付赡养费的权利。第 1074 条规定，有负担能力的孙子女、外孙子女，对于子女已经死亡或者子女无力赡养的祖父母、外祖父母，有赡养的义务。因此就孙子女是否需要承担赡养义务，不能一概而论，需要根据当事人的家庭情况具体分析。首先要求孙子女有一定的负担能力，其次还应当考虑在子女去世后，祖父母、外祖父母是否有其他子女。需要注意的是，在判定赡养费金额时，需要综合考虑老年人及赡养人的经济收入、所在地居民人均可支配收入情况、被赡养人身体健康状况以及每月固定生活支出等因素。本案中，王阿婆的长子虽然去世，但是她还有其他子女，且具有一定的经济能力，因此王阿婆仅因长孙李 H 是房产的主要既得利益者之一就要求其承担赡养义务的诉讼请求，法院未予支持。

综上，北京市海淀区人民法院判决李 J、李 F、李 R 每人每月支付抚养费 1000 元，每月探望王阿婆一次，驳回王阿婆要求孙子女支付赡养费的诉讼请求。

34. （外）祖父母对（外）孙子女有无条件的抚养义务吗？[①]

原告肖某一、刘某夫妻俩为被告肖某二的父母，两位老人已年近八十。肖某二夫妻产生矛盾后，均拒绝实际抚养儿子小肖，肖某一、刘某将孙子小肖带回住处抚养至今。后肖某一、刘某提起诉讼，要求肖某二夫妻支付孩子的生活费、学习费、医疗费等。

一审判决认为，父母对未成年子女有抚养、教育和保护的义务。本案中，肖某二夫妻因家庭纠纷自 2011 年始未再对孩子承担其应尽的抚养义务，小肖由祖父母肖某一夫妻抚养至今，现肖某一夫妻要求孩子父母支付抚养费等相关费用，于法有据，予以支持。关于费用的具体数额，参照该市 2011 年至今每年度的城镇居民人均消费支出数额予以计算。该案件上诉后，二审判决驳回上诉，维持原判。

本案回应了社会普遍关注的“带孙费”问题。依照《民法典》的相关规定，父母对未成年子女有法定抚养义务，（外）祖父母仅在父母无力抚养子女等特定条件下，才对（外）孙子女有抚养义务。在父母具备抚养能力的情况下，老人基于传统习俗及血缘亲情，帮助子女照看（外）孙子女，属于自我付出的道义行为，应获得子女的尊重和感恩。日常生活中，部分父母忽视了自己才是抚养子女的法定义务人，长期拒绝履行对子女的抚养义务，将对子女的教育抚养责任全部转嫁给孩子的（外）祖父母，既不利于未成年子女的健康成长，也给年迈的老人增加了额外的精神和经济负担。在此情况下，老人有权要求成年子女支付（外）孙子女的抚养费。本案强调家庭成员应各自履行法定义务，共同维护家庭的完整性，构建美满和谐的家庭关系，彰显了我国社会主义核心价值观提倡各司其职、家庭和睦的精神内核。

---

① 参见：《天津高院发布老年人权益保护典型案例》（2022 年 11 月 22 日发布），肖某一、刘某诉肖某二等抚养费纠纷案，载天津法院网 https：//tjfy. tjcourt. gov. cn/article/detail/2022/11/id/7028726. shtml，最后访问日期：2023 年 2 月 27 日。

关联参见

《民法典》第1111条；《老年人权益保障法》第19条、第20条

第一千零七十五条　【兄弟姐妹间扶养义务】 有负担能力的兄、姐，对于父母已经死亡或者父母无力抚养的未成年弟、妹，有扶养的义务。

由兄、姐扶养长大的有负担能力的弟、妹，对于缺乏劳动能力又缺乏生活来源的兄、姐，有扶养的义务。

实务应用

43. 兄、姐当然具有扶养弟、妹的义务吗？

产生兄、姐对弟、妹的扶养义务，应当同时具备下述三个条件：

（1）弟、妹须为未成年人，即不满18周岁。如果弟、妹已经成年，虽无独立生活能力，兄、姐亦无法定扶养义务。

（2）父母已经死亡或者父母无力抚养。这里包含了两种情况：一是父母均已经死亡，没有了父母这第一顺序的抚养义务人。如果父母一方尚在且有抚养能力，仍应由尚在的父或母承担抚养义务。二是父母均尚在或者一方尚在但都没有抚养能力，如父母在意外事故中致残没有了劳动能力和生活来源，便产生了由有负担能力的兄、姐扶养弟、妹的义务。

（3）兄、姐有负担能力。在前述两项条件具备时，兄、姐对弟、妹的扶养义务并不必然发生，只有这项条件也具备时，即兄、姐有负担能力时，才产生扶养弟、妹的义务。

44. 弟、妹当然具有扶养兄、姐的义务吗？

产生弟、妹对兄、姐的扶养义务，亦应当同时具备下述三个条件：

（1）兄、姐既缺乏劳动能力又缺乏生活来源。如果兄、姐虽缺乏劳

动能力但并不缺少经济来源，如受到他人经济上的捐助或自己有可供生活的积蓄的，则不产生弟、妹的扶养义务。同时，如果兄、姐虽缺少生活来源，但有劳动能力，兄、姐可通过自己的劳动换取生活来源，在此情况下，弟、妹亦无扶养兄、姐的义务。

（2）兄、姐没有第一顺序的扶养义务人，或者第一顺序的扶养义务人没有扶养能力。比如，兄、姐没有配偶、子女，或兄、姐的配偶、子女已经死亡或者没有扶养能力。如果兄、姐的配偶尚在或者有子女且有扶养能力，应由这些第一顺序的扶养义务人承担扶养义务。

（3）弟、妹由兄、姐扶养长大且有负担能力。这里包含两方面的因素：一是弟、妹是由兄、姐扶养长大的。这表明在弟、妹未成年时，父母已经死亡或父母无抚养能力，兄、姐对弟、妹的成长尽了扶养义务。按照权利义务对等原则，弟、妹应承担兄、姐的扶养责任。二是弟、妹有负担能力。若无负担能力则不负扶养义务。

第四章　离　婚

第一千零七十六条　【协议离婚】夫妻双方自愿离婚的，应当签订书面离婚协议，并亲自到婚姻登记机关申请离婚登记。

离婚协议应当载明双方自愿离婚的意思表示和对子女抚养、财产以及债务处理等事项协商一致的意见。

条文解读

离婚登记机关 ➲ 内地居民自愿离婚的，男女双方应当共同到一方当事人常住户口所在地的婚姻登记机关办理离婚登记。

《婚姻登记条例》第 10 条第 2 款规定：“中国公民同外国人在中国内地自愿离婚的，内地居民同香港居民、澳门居民、台湾居民、华侨在中国内地自愿离婚的，男女双方应当共同到内地居民常住户口所在地的婚姻登记机关办理离婚登记。”

协议离婚后的财产分割 ➲ 夫妻双方协议离婚后就财产分割问题反

悔，请求撤销财产分割协议的，人民法院应当受理。

人民法院审理后，未发现订立财产分割协议时存在欺诈、胁迫等情形的，应当依法驳回当事人的诉讼请求。

离婚时未处理的夫妻共同财产 离婚后，一方以尚有夫妻共同财产未处理为由向人民法院起诉请求分割的，经审查该财产确属离婚时未涉及的夫妻共同财产，人民法院应当依法予以分割。

实务应用

45. 协议离婚，应当符合哪些条件？

只有符合下列条件的，才能协议离婚：

（1）协议离婚的当事人双方应当具有合法夫妻身份。

以协议离婚方式办理离婚的，仅限于依法办理了结婚登记的婚姻关系当事人，不包括未婚同居和有配偶者与他人同居的男女双方，也不包括未办理结婚登记的“事实婚姻”中的男女双方。

（2）协议离婚的当事人双方均应当具有完全的民事行为能力。

只有完全民事行为能力人才能独立自主地处理自己的婚姻问题。一方或者双方当事人为限制民事行为能力或者无民事行为能力的，如精神病患者、痴呆症患者，不适用协议离婚程序，只能适用诉讼程序处理离婚问题，以维护没有完全民事行为能力当事人的合法权益。

（3）协议离婚当事人双方必须具有离婚的共同意愿。

“双方自愿”是协议离婚的基本条件，协议离婚的当事人应当有一致的离婚意愿。这一意愿必须是真实而非虚假的；必须是自主作出的而不是受对方或第三方欺诈、胁迫或因重大误解而形成的；必须是一致的而不是有分歧的。对此本条规定“夫妻双方自愿离婚”，对于仅有一方要求离婚的申请，婚姻登记机关不予受理，当事人只能通过诉讼离婚解决争议。

（4）协议应当载明双方自愿离婚的意思表示和对子女抚养、财产及债务处理等事项协商一致的意见。据此，离婚协议应当具有如下内容：

①有双方自愿离婚的意思表示。双方自愿离婚的意思必须以文字的形式体现在离婚协议上。

②有对子女抚养、财产及债务处理等事项协商一致的意见。“对子女抚养、财产以及债务处理等事项协商一致的意见”是协议离婚的必备内容。如果婚姻关系当事人不能对子女抚养、财产及债务处理等事项达成一致意见的话，则不能通过婚姻登记程序离婚，而只能通过诉讼程序离婚。

第一，子女抚养等事项。双方离婚后有关子女抚养、教育、探望等问题，在有利于保护子女合法权益的原则下应当作合理的、妥当的安排，包括子女由哪一方直接抚养，子女的抚养费和教育费如何负担、如何给付等。由于父母与子女的关系不因父母离婚而消除，协议中最好约定不直接抚育方对子女探望权利行使的内容，包括探望的方式、时间、地点等。

第二，财产及债务处理等事项。主要包括：①在不侵害任何一方合法权益的前提下，对夫妻共同财产作合理分割，对给予生活困难的另一方以经济帮助作妥善安排，特别是切实解决好双方离婚后的住房问题；②在不侵害他人利益的前提下，对共同债务的清偿作出清晰、明确、负责的处理。

（5）协议离婚当事人双方应当亲自到婚姻登记机关申请离婚。

根据《民法典》第1076—1078条规定，离婚登记按如下程序办理：

①申请。夫妻双方自愿离婚的，应当签订书面离婚协议，共同到有管辖权的婚姻登记机关提出申请，并提供以下证件和证明材料：

A. 内地婚姻登记机关或者中国驻外使（领）馆颁发的结婚证；

B. 符合《婚姻登记工作规范》第29—35条规定的有效身份证件；

C. 在婚姻登记机关现场填写的《离婚登记申请书》。

②受理。婚姻登记员按照《婚姻登记工作规范》有关规定对当事人提交的上述材料进行初审。

申请办理离婚登记的当事人有一本结婚证丢失的，当事人应当书面声明遗失，婚姻登记员可以根据另一本结婚证受理离婚登记申请；申请办理离婚登记的当事人两本结婚证都丢失的，当事人应当书面声明结婚证遗失并提供加盖查档专用章的结婚登记档案复印件，婚姻登记员可根据当事人提供的上述材料受理离婚登记申请。

婚姻登记员对当事人提交的证件和证明材料初审无误后，发给《离婚登记申请受理回执单》。不符合离婚登记申请条件的，不予受理。当事人要求出具《不予受理离婚登记申请告知书》的，应当出具。

③冷静期。自婚姻登记机关收到离婚登记申请并向当事人发放《离婚登记申请受理回执单》之日起 30 日内，任何一方不愿意离婚的，可以持本人有效身份证件和《离婚登记申请受理回执单》（遗失的可不提供，但需书面说明情况），向受理离婚登记申请的婚姻登记机关撤回离婚登记申请，并亲自填写《撤回离婚登记申请书》。经婚姻登记机关核实无误后，发给《撤回离婚登记申请确认单》，并将《离婚登记申请书》《撤回离婚登记申请书》与《撤回离婚登记申请确认单（存根联）》一并存档。

自离婚冷静期届满后 30 日内，双方未共同到婚姻登记机关申请发给离婚证的，视为撤回离婚登记申请。

④审查。自离婚冷静期届满后 30 日内（期间届满的最后一日是节假日的，以节假日后的第一日为期限届满的日期），双方当事人应当持《婚姻登记工作规范》第 55 条第 4 至 7 项规定的证件和材料，共同到婚姻登记机关申请发给离婚证。

婚姻登记机关按照《婚姻登记工作规范》第 56—57 条规定的程序和条件执行和审查。婚姻登记机关对不符合离婚登记条件的，不予办理。当事人要求出具《不予办理离婚登记告知书》的，应当出具。

⑤登记（发证）。婚姻登记机关按照《婚姻登记工作规范》第 58—60 条规定，予以登记，发给离婚证。

离婚协议书一式三份，男女双方各一份并自行保存，婚姻登记处存档一份。婚姻登记员在当事人持有的两份离婚协议书上加盖“此件与存档件一致，涂改无效。××××婚姻登记处××××年××月××日”的长方形红色印章并填写日期。多页离婚协议书同时在骑缝处加盖此印章，骑缝处不填写日期。当事人亲自签订的离婚协议书原件存档。婚姻登记处在存档的离婚协议书加盖“×××登记处存档件××××年××月××日”的长方形红色印章并填写日期。

案例指引

35. 基于真实意思表示达成的离婚协议，当事人能否以“显失公平”为由请求撤销？①

廖某与元某于2013年登记结婚，婚后双方购置房屋一栋（价值200多万元）。自2016年开始廖某就发现元某有婚外情，双方因此发生多次争吵。为了尽快结束这段婚姻，2018年廖某与元某共同签署了离婚协议，当日两人即办理了离婚手续。离婚协议中约定，双方共同房产归男方元某所有。不久，廖某开始反悔，认为离婚协议中关于房产分割问题显失公平，要求撤销该离婚协议，遭到元某拒绝。

廖某不能以离婚协议“显失公平”为由行使撤销权。理由是：协议离婚系双方当事人自己的意思自治，即使廖某将夫妻共同房产在离婚协议中处分给元某，也是廖某自己的真实意思表示，不能认定存在“显失公平”的问题。故该协议应当视为廖某对自己实体权利的处分，不能撤销。

该离婚协议中的房产分割条款不存在“显失公平”的情形。本案中的离婚协议是双方真实的意思表示，自廖某和元某两人办理离婚手续后即具有法律效力。只要此协议签订时元某不存在欺诈、胁迫的情形，法院对该离婚协议就应当依法予以保护。所以，廖某不能以离婚协议“显失公平”为由行使撤销权。

关联参见

《民法典》第1049条、第1076—1079条；《婚姻登记条例》第2

---

① 参见李依：《“显失公平”的离婚协议能否撤销?》，载江西法院网 http：//jxgy.jxfy.gov.cn/article/detail/2020/08/id/5403325.shtml，最后访问日期：2023年2月27日。

条、第7条、第10—12条；《婚姻登记工作规范》第29—35条、第55—57条；《民法典婚姻家庭编解释（一）》第69条

第一千零七十七条　【离婚冷静期】自婚姻登记机关收到离婚登记申请之日起三十日内，任何一方不愿意离婚的，可以向婚姻登记机关撤回离婚登记申请。

前款规定期限届满后三十日内，双方应当亲自到婚姻登记机关申请发给离婚证；未申请的，视为撤回离婚登记申请。

条文解读

离婚冷静期 申请协议离婚的当事人自向婚姻登记机关申请离婚之日起30日内，应当冷静、理智地对自己的婚姻状况和今后的生活进行充分的考虑，重新考虑是否以离婚方式解决夫妻矛盾，考虑离婚对自身、对子女、对双方家庭、对社会的利与弊，避免冲动行为。本条中规定的30日即为离婚冷静期，在此期间，任何一方或者双方不愿意离婚的，可以向婚姻登记机关撤回离婚登记申请。

依据本条规定，在30日离婚冷静期内，任何一方不愿意离婚的，应当在该期间内到婚姻登记机关撤回离婚申请，对此，婚姻登记机关应当立即终止登记离婚程序。如果离婚冷静期届满，当事人仍坚持离婚，双方应当在离婚冷静期届满后的30日内，亲自到婚姻登记机关申请发给离婚证。婚姻登记机关查明双方确实是自愿离婚，并已对子女抚养、财产及债务处理等事项协商一致的，予以登记，发给离婚证。如果在离婚冷静期届满后的30日内，当事人双方没有亲自到婚姻登记机关申请发给离婚证，则视为撤回离婚申请。

第一千零七十八条　【婚姻登记机关对协议离婚的查明】婚姻登记机关查明双方确实是自愿离婚，并已经对子女抚养、财产以及债务处理等事项协商一致的，予以登记，发给离婚证。

条文解读

婚姻登记机关对协议离婚的查明 ➜ 自愿离婚的夫妻双方向婚姻登记机关提交离婚协议后30日内，未向婚姻登记机关申请撤回离婚协议，并在提交离婚协议30日后的30日内，亲自到婚姻登记机关申请发给离婚证，对此，婚姻登记机关应当对当事人提交的离婚协议进行查明：(1) 查明当事人双方是否是自愿离婚，是否是真实而非虚假的离婚，查明离婚是否存在被胁迫的情形，查明是否因重大误解而导致的离婚。(2) 查明要求离婚的双方当事人是不是对子女抚养问题已协商一致。(3) 审查对财产及债务处理的事项是否协商一致。

经婚姻登记机关查明双方确实是自愿离婚，并已对子女抚养、财产及债务处理等事项协商一致的，应当进行离婚登记，发给离婚证。

实务应用

46. 离婚后，一方不履行离婚协议所确定的义务的，如何处理？

夫妻双方经婚姻登记机关办理了离婚登记后，当事人一方不按照离婚协议履行应尽的义务，或者在子女抚养、财产问题上产生纠纷的，当事人可以向人民法院提起民事诉讼。

47. 离婚证遗失，能补办吗？

结婚证、离婚证遗失或者损毁的，当事人可以持户口簿、身份证向原办理婚姻登记的机关或者一方当事人常住户口所在地的婚姻登记机关申请补领。婚姻登记机关对当事人的婚姻登记档案进行查证，确认属实的，应当为当事人补发结婚证、离婚证。

关联参见

《婚姻登记条例》第13条

第一千零七十九条　【诉讼离婚】夫妻一方要求离婚的，可以由有关组织进行调解或者直接向人民法院提起离婚诉讼。

人民法院审理离婚案件，应当进行调解；如果感情确已破裂，调解无效的，应当准予离婚。

有下列情形之一，调解无效的，应当准予离婚：

（一）重婚或者与他人同居；

（二）实施家庭暴力或者虐待、遗弃家庭成员；

（三）有赌博、吸毒等恶习屡教不改；

（四）因感情不和分居满二年；

（五）其他导致夫妻感情破裂的情形。

一方被宣告失踪，另一方提起离婚诉讼的，应当准予离婚。

经人民法院判决不准离婚后，双方又分居满一年，一方再次提起离婚诉讼的，应当准予离婚。

条文解读

诉讼离婚➲是婚姻当事人向人民法院提出离婚请求，由人民法院调解或判决而解除其婚姻关系的一项离婚制度。诉讼离婚制度适用于当事人双方对离婚有分歧的情况，包括一方要求离婚而另一方不同意离婚而发生的离婚纠纷或者双方虽然同意离婚，但在子女抚养、财产及债务处理等事项不能达成一致意见、作出适当处理的情况。

本条第 2 款中规定，人民法院审理离婚案件，应当进行调解。这表明调解是人民法院审理离婚案件的必经程序。

调解不能久调不决，对于调解无效的案件，人民法院应当依法判决。判决应当根据当事人的婚姻状况，判决准予离婚或者判决不准离婚。一审判决离婚的，当事人在判决发生法律效力前不得另行结婚。当事人不服一审判决的，有权依法提出上诉。双方当事人在 15 天的上诉期内均不上诉的，判决书发生法律效力。第二审人民法院审理上诉案件可以进行调解。经调解双方达成协议的，自调解书送达时起原审判决即视为撤销。第二审人民法院作出的判决是终审判决。对于判决不准离婚或者调解和好的离婚案件，没有新情况、新理由，原告在6个月内又起诉的，人民法院不予受理。

诉讼外调解 ➡ 诉讼外调解，其依据来源于本条规定的“夫妻一方要求离婚的，可以由有关组织进行调解”。这种调解属于民间性质。“有关组织”在实践中一般是当事人所在单位、群众团体、基层调解组织等。经过调解可能会出现不同的结果：(1) 双方的矛盾得到化解，重归于好，继续保持婚姻关系；(2) 双方都同意离婚，在子女抚养、财产及债务处理等事项上也达成一致意见，采用协议离婚的方式，到婚姻登记机关办理离婚登记手续；(3) 调解不成，一方坚持离婚，另一方则坚持相反意见，或者虽都同意离婚，但在子女抚养、财产及债务处理等事项上达不成协议，而需诉诸法院解决。

实务应用

48. 人民法院应当准予离婚的情形有哪些?

人民法院审理离婚案件，符合本条第3款规定“应当准予离婚”情形的，不应当因当事人有过错而判决不准离婚。

(1) 重婚或与他人同居

重婚是指有配偶者又与他人结婚的违法行为。其表现为法律上的重婚和事实上的重婚。

“与他人同居”的情形，是指有配偶者与婚外异性，不以夫妻名义，持续、稳定地共同居住。当事人提起诉讼仅请求解除同居关系的，人民法院不予受理；已经受理的，裁定驳回起诉。当事人因同居期间财产分割或者子女抚养纠纷提起诉讼的，人民法院应当受理。

(2) 实施家庭暴力或虐待、遗弃家庭成员

家庭暴力，是指家庭成员之间以殴打、捆绑、残害、限制人身自由以及经常性谩骂、恐吓等方式实施的身体、精神等侵害行为。虐待，指持续性、经常性的家庭暴力。

遗弃，指对于需要扶养的家庭成员，负有扶养义务而拒绝扶养的行为。

（3）有赌博、吸毒等恶习屡教不改

对于这类案件，人民法院应当查明有赌博、吸毒、酗酒等行为一方的一贯表现和事实情况。对情节较轻，有真诚悔改表现，对方也能谅解的，应着眼于调解和好。对于恶习难改，一贯不履行家庭义务，夫妻感情难以重建，夫妻难以共同生活的，经调解无效，应准予离婚。

（4）因感情不和分居满 2 年

夫妻因感情不和分居满 2 年，一般来说可以构成夫妻感情破裂的事实证明。“分居”是指夫妻间不再共同生活，不再互相履行夫妻义务，包括停止性生活，生活上不再互相关心、互相扶助等。具有分居满 2 年的情形，说明夫妻关系已徒具形式，名存实亡。当事人以此事由诉请人民法院离婚的，如经调解无效，应准予当事人离婚。

（5）其他导致夫妻感情破裂的情形

导致夫妻感情破裂的原因复杂多样，人民法院应当本着保障离婚自由、防止轻率离婚的原则，根据本法的立法精神和案件的具体情况，作出正确判定。例如，夫以妻擅自中止妊娠侵犯其生育权为由请求损害赔偿的，人民法院不予支持；夫妻双方因是否生育发生纠纷，致使感情确已破裂，一方请求离婚的，人民法院经调解无效，应依照本条第 3 款第 5 项的规定处理。

案例指引

36.《民法典》施行前法院判决不准离婚后，分居满 1 年后一方再次提起离婚诉讼的，怎么处理？[①]

刘某与祝某 2005 年登记结婚，双方均系再婚，婚后未生育子女。双方婚后因拆迁利益分配产生矛盾并分居，刘某 2019 年 4 月向法院起

① 参见方硕：《一中院适用民法典新规定审结首例婚姻关系解除案件》，载北京法院网 https：//bjgy. bjcourt. gov. cn/article/detail/2021/01/id/5715861. shtml，最后访问日期：2023 年 2 月 27 日。

诉请求离婚被驳回，2020 年 10 月刘某再次起诉要求离婚，主张双方 2015 年 6 月起分居，祝某对其缺少关心和照顾，不履行夫妻义务，第一次起诉离婚判驳后，双方仍然处于分居状态，关系并未改善，再次起诉坚决要求离婚。祝某不同意离婚，经法院主持调解，双方各执己见未能达成一致意见。

一审法院经审理后认为：双方均系再婚，对于家庭生活中产生的问题应相互信任、相互理解、加强沟通，在互谅互让的基础上理性解决。只要双方各自检讨自身存在的问题，加强沟通和交流，双方的婚姻关系还有改善可能，本案不足以认定夫妻感情确已破裂，故判决驳回刘某离婚的诉讼请求。

二审法院经审理后认为：民法典施行前的法律事实持续至民法典施行后，该法律事实引起的民事纠纷案件，适用民法典的规定。民法典施行前，经人民法院判决不准离婚后，双方又分居满 1 年，一方再次提起离婚诉讼的，适用《民法典》第 1079 条第 5 款的规定。《民法典》于 2021 年 1 月 1 日开始施行，法院于 2019 年 5 月判决双方不准离婚后，双方又分居至今，已满 1 年，现刘某再次起诉要求离婚，应当准予，故改判支持刘某关于离婚的诉讼请求。

《民法典》于 2021 年 1 月 1 日正式施行，《最高人民法院关于适用〈中华人民共和国民法典〉时间效力的若干规定》第 1 条第 3 款规定“民法典施行前的法律事实持续至民法典施行后，该法律事实引起的民事纠纷案件，适用民法典的规定，但是法律、司法解释另有规定的除外”，第 22 条规定“民法典施行前，经人民法院判决不准离婚后，双方又分居满一年，一方再次提起离婚诉讼的，适用民法典第一千零七十九条第五款的规定”。

司法实践中，夫妻一方起诉离婚，没有重婚、与他人同居、家庭暴力等法定离婚事由，亦无明确证据证明夫妻感情确已破裂的初次起诉离婚案件，人民法院本着维护婚姻家庭稳定的原则，一般判决不准离婚。在司法实践中，初次起诉离婚判决驳回的夫妻确有部分未再诉讼离婚，但仍有部分夫妻之后再行起诉，且解除婚姻关系的态度坚决。本着尊重婚姻自由，维护家庭的出发点，《民法典》增加“经人民法院判决不准离婚后，双方又分居满一年，一方再次提起离婚诉讼的，应当准予离婚”这一新规定。

本案中离婚诉讼双方均系再婚，自 2010 年起因拆迁利益处置产生矛盾，致使感情出现裂痕；后分居，彼此未充分尽到夫妻义务，夫妻感情已濒临破裂；2019 年诉讼离婚经人民法院判决驳回后，仍处于持续分居状态，双方关系未有明显缓和或改善，且一方持续提起诉讼解除婚姻关系意志坚决，应认为夫妻感情破裂，本案二审之时《民法典》已正式施行，故本案二审适用《民法典》关于解除婚姻关系的新规定判决准予离婚。

37. 对于老年人离婚纠纷“劝和不劝离”是“和谐圆满”的处理方法吗？①

刘某某（男，1934 年出生）、马某某（女，1936 年出生）于 1963 年登记结婚。双方共有坐落于本市某地的房屋一处，登记在刘某某名下。婚后双方性格不合，夫妻关系僵持不下近 50 年，经常吵架甚至动手，多次报警，刘某某曾三次起诉离婚。二人分屋居住 20 多年，生活用品均各自配备、分开使用。刘某某认为双方夫妻感情早已彻底破裂，起诉至法院，请求判令双方离婚，依法分割夫妻共同财产。经询问，马某某同意离婚，但担心离婚后刘某某不与自己分割夫妻共有房屋的售房款，要求在房屋产权登记上加自己的名字，刘某某则担心房屋登记加名后马某某又不同意离婚，拒绝先行加名登记。双方当事人之间互不信任致使纠纷陷入僵局。

法院受理本案后，承办法官考虑到双方当事人均为年逾八旬的老

① 参见《天津高院发布保障老年人合法权益典型案例》（2020 年 10 月 23 日发布），刘某某与马某某离婚纠纷案，载天津法院网 https：//tjfy. tjcourt. gov. cn/article/detail/2020/10/id/5539313. shtml，最后访问日期：2023 年 2 月 27 日。

人，在如此高龄起诉离婚应有不同寻常的家庭纷争，于是十分耐心细致地向双方询问情况。经了解，双方夫妻矛盾积累较深，婚姻关系早已名存实亡。承办法官充分尊重当事人离婚的意愿，未再坚持劝说双方勉强维持婚姻状况，而将调解工作重点放在共有房屋的加名登记问题上。经过法官反复释法说理，并细致分析离婚前后房屋加名在实际操作上的简繁差别，刘某某最终同意先为马某某办理加名登记。双方达成调解协议：双方自愿离婚，限期共同到房管部门办理产权变更登记手续，变更产权登记后将该房屋予以出售，售房款在双方均分的基础上给予马某某一定数额补偿。

本案是司法正视老年人感情矛盾、尊重老年人离婚自由的典型案例。婚姻自由包括结婚自由和离婚自由，所有年龄阶段感情破裂的夫妻均有权通过离婚摆脱不幸婚姻的束缚。现实生活中，老年夫妻间关系不和、吵吵闹闹，往往被认为“这么多年都习惯了”，而矛盾之中老年夫妻的真实感情困惑易被忽视。对于老年人的离婚意愿，周围亲友通常以“大半辈子都这么过来了”的态度表示不解和不支持，司法也易受该种社会氛围影响，“劝和不劝离”。这种看似“和谐圆满”的处理方法却易造成老年人困顿其中不得脱身。本案中，双方当事人年逾八旬，是社会通常认为不应再有离婚纠纷的年龄，法院并非一味劝和，而是在充分了解当事人感情矛盾的基础上，尊重当事人离婚自由，反复做调解工作，为当事人顺利解除婚姻束缚排除障碍。案件的妥善审理充分保护了当事人的离婚自由，证明了老年人的婚姻纠纷应得到客观对待，受不幸婚姻煎熬的老年人追求自由生活的权利同样应受保护，并对全社会正视老年人的精神需求和婚姻困惑具有启示作用。

38. 如何认定夫妻感情在前次诉讼之后并无改善？[①]

徐某与刘某登记结婚后育有一女，婚后因生活琐事及徐某患病发生

---

① 参见《徐某诉刘某离婚案》，载天津法院网 https：//tjfy. tjcourt. gov. cn/article/detail/2021/11/id/6366328. shtml，最后访问日期：2023 年 2 月 27 日。

矛盾，双方自2019年8月分居至今，婚生女随刘某生活。2019年徐某以夫妻感情确已破裂为由起诉离婚，法院于2019年11月15日判决驳回其诉请。徐某于2020年7月3日再次提起离婚诉讼，并于2020年9月2日上诉于二审法院，均被判驳回诉请。2021年4月9日徐某再次提起离婚诉讼。

一审判决认为，徐某与刘某虽系自由恋爱，自主婚姻，并生育子女，但在共同生活期间并未建立起深厚的夫妻感情。徐某患有严重疾病，生活不能自理，完全丧失劳动能力，生活需要照顾，但刘某未能尽到扶养义务。徐某曾于2019年10月25日以夫妻感情确已破裂为由向法院提起诉讼，要求与刘某离婚，法院判决不准离婚后，双方又分居满一年，遂判决准予徐某与刘某离婚。

本案是因感情不和离婚的典型案例。《民法典》第1079条规定，经人民法院判决不准离婚后，双方又分居满一年，一方再次提起离婚诉讼的，应当准予离婚。民法典施行前，因感情不和分居满两年属于法定离婚事由，但是在没有明确证据证明双方感情破裂的初次离婚案件中，人民法院本着维护家庭稳定的原则，一般判决不准离婚。实践中，被判决不准离婚的这些夫妻有许多会再次到法院起诉离婚，更有一些是在六个月期满后立即再次提起离婚诉讼，可见当事人要求离婚的坚决态度。依据《民法典》的新规定，当事人在初次离婚诉讼被法院驳回后，夫妻双方持续分居满一年，互相不履行夫妻义务，可以认定夫妻感情在前次诉讼之后并无改善，长期分居已导致夫妻感情不具备挽回的可能，且一方持续提起诉讼，表明当事人要求解除婚姻关系的坚决态度，应认定为夫妻感情破裂，准予离婚。

39. 夫妻一方不履行扶养义务时，如何认定夫妻感情确已破裂？①

朱某、马某于1996年经人介绍相识，同年7月9日登记结婚，双

---

① 参见《北京市第三中级人民法院民事判决书》，案号：(2019) 京03民终5646号，载中国裁判文书网。

方均系初婚，婚后生育一女朱小某，已成年。双方婚后共同生活居住于某处房屋，双方在与长辈相处、子女教育、家庭财务等方面存在矛盾。朱某于2017年年底查出肝癌晚期、结肠癌晚期，之后双方矛盾激化。

朱某以双方长期分居、马某不尽扶养义务为由将马某诉至法院，要求解除双方婚姻关系，并分割夫妻共同财产。朱某第一次起诉离婚，马某不同意离婚，认为其并非长期不在家居住，只是吵架的时候离开，不属于分居。

朱某称双方婚后各自收入归各自所有，马某收入自行支配，家庭支出及孩子教育费用均由朱某负担，税前年薪24万元左右，还要负担家庭开支以及朱小某上学费用，目前缺少治疗癌症的费用，其在2018年12月停止化疗，服用进口药物，并希望在离婚后将房屋出售，所得款项用于治病。一审期间，朱某曾另行起诉马某要求支付扶养费。

马某称婚后朱某负担孩子教育费用，马某负担家里开支，家庭投资理财的钱都是朱某控制，其曾在2012年、2013年给朱某19万元，并从2018年8月底开始每月给朱小某生活费2000元。马某认可没有为朱某支付过医疗费，称其想照顾朱某，但朱某患病后脾气暴躁，其不敢招惹朱某，称朱某年薪30多万元，可以自行负担治病费用，不需要出售房屋。马某还称自己退休金每月7000元左右，再就业收入4000—5000元，自身患有重度抑郁症、冠心病、高血压，目前也在治疗中，每月再给父母和孩子一些费用，已身无分文，马某表示不清楚朱某病情。

双方夫妻共同财产，包括登记在原告名下的一套房屋，两辆轿车。双方查询的各自名下财产属于各自的日常花销，均不再主张处理和分割。

法院准予朱某与马某离婚；某房屋归朱某所有，朱某于本判决生效之日起10日内给付马某折价款150万元；小型轿车1归朱某所有、小型轿车2归马某所有。

关于朱某、马某二人是否属于夫妻感情完全破裂的情形，人民法院经审理认为：应从朱某、马某的婚姻基础、婚后感情、离婚原因、夫妻关系现状以及有无和好可能方面，综合认定双方夫妻感情是否完全破裂。第一，朱某、马某虽共同生活多年，但婚后在子女教育、亲属关系、家庭财务等方面存在矛盾，在朱某罹患癌症后，家庭负担增加。从双方婚后长期生活状态、朱某患病后双方矛盾加剧以及马某经常离家的事实能够反映出双方感情不和。第二，马某虽不同意离婚，但并无改善夫妻关系的想法也未认识到影响夫妻感情问题的实质。朱某治病心切，马某虽表示希望照顾朱某，却不同意支付朱某治疗费用，没有尽到夫妻相互扶助的义务。马某明知朱某处于癌症晚期，身体孱弱，在否认分居且未举证的情况下，坚持对管辖权提出异议并在裁定作出后坚持上诉。马某拖延诉讼的行为，显见其对夫妻感情缺乏珍视、对改善夫妻关系缺乏诚意。第三，双方在庭审中均言语激烈、互相攻击，起诉时处于分居状态，矛盾加深，夫妻感情也进一步恶化。据此，法院支持朱某的离婚诉讼请求，并对夫妻共同财产进行了分割。

关联参见

《民事诉讼法》第127条、第171条；《反家庭暴力法》；《民法典婚姻家庭编解释（一）》第1—3条、第23条、第63条

第一千零八十条　【婚姻关系的解除时间】完成离婚登记，或者离婚判决书、调解书生效，即解除婚姻关系。

实务应用

49. 协议离婚的，婚姻关系解除时间如何确定？

完成离婚登记时，婚姻关系解除。

解除婚姻关系协议离婚又称登记离婚，是我国法定的一种离婚形式。即婚姻关系当事人达成离婚合意并通过婚姻登记程序解除婚姻关系。完成离婚登记，取得离婚证的当事人基于配偶身份而产生的人身关系和财产关系即行终止。

50. 诉讼离婚的，婚姻关系解除时间如何确定？

离婚调解书、判决书生效时，婚姻关系解除。

诉讼离婚是我国法定的另一种离婚形式。即婚姻关系当事人向人民法院提出离婚请求，由人民法院调解或判决而解除其婚姻关系的一种离婚方式。对调解离婚的，人民法院应当制作调解书。调解书应当写明诉讼请求、案件事实和调解结果。调解书由审判人员、书记员署名，加盖人民法院印章，送达双方当事人；经双方当事人签收后，即具有法律效力，男女双方的婚姻关系随即解除。

人民法院对审理的离婚案件，经调解无效的，应当依法作出判决。诉讼离婚的当事人在接到发生法律效力的离婚判决书后，双方的婚姻关系随即解除。

登记离婚或者判决离婚生效后，当事人解除婚姻关系，双方基于配偶产生的身份关系消灭，基于配偶身份而产生的人身关系和财产关系即行终止。

案例指引

40. “假”离婚变为真分手，当事人享有请求撤销权吗？①

王某与林某于1985年登记结婚，婚后生育一女、一子，现均已成年。王某、林某于2016年签署《说明》，内容如下：王某、林某去办理离婚手续是为了方便某小区201号房子的出售，二人名下的其他财产不做分割，是共同财产。次日，双方签订《协议书》，内容如下：某小区201号为王某、林某共同财产。新购某小区506号房屋也为王某、林某共同所有。签订该《协议书》当日，双方登记离婚。离婚后，男方王某不同意复婚，并提出分割夫妻共同财产，林某坚决要求复婚，多次协商

---

① 参见杨夏：《“假”离婚变为真分手，财产分割约定还有效吗?》，载北京法院网 https：//bjgy. bjcourt. gov. cn/article/detail/2020/09/id/5465606. shtml，最后访问日期：2023年2月27日。

未果后，王某提起离婚后财产纠纷之诉，主张此前在民政局的离婚协议是假的，要求重新分割夫妻共同财产。

根据王某、林某在民政局协议离婚时登记备案的《离婚协议书》约定：位于某小区 201 号楼房一处归女方林某所有，归男方王某所有的共同财产为“无”；债权债务为“无”。王某主张双方离婚是为了出售某小区 201 号房屋时规避税费，实际上并未分割共同财产，出售某小区 201 号楼房的款项和新购买的某小区 506 号房屋均是夫妻共同财产。林某认为，《离婚协议书》的形成时间晚于《说明》，其效力也高于《说明》，因此某小区 201 号房屋应为林某离婚后的个人财产，不应重新进行分割。

法院认定：双方在民政部门办理了离婚登记，婚姻关系已经解除。但就共同财产而言，在双方办理离婚登记的当日，又签订《协议书》明确约定某小区 201 号房屋、某小区 506 号房屋均是二人共同财产。且在离婚前一日二人曾签订《说明》，解释双方办理离婚手续是为了方便出售某小区 201 号房屋，二人名下的其他财产不做分割。结合某小区 201 号房屋出售、某小区 506 号房屋购买的时间，可以认定二人离婚的真实意图系为了获得离婚带来的经济利益，规避国家的管控政策。故法院最终认定某小区 201 号房屋是二人婚姻存续期间的共同财产，以该房屋售房款购得的某小区 506 号房屋以及盈余房款均属于双方共同财产，应予分割，具体分割比例结合双方在婚姻期间的贡献及过错程度等因素酌予确定。

关于婚姻关系是否解除。《民法典》第 1080 条规定：“完成离婚登记，或者离婚判决书、调解书生效，即解除婚姻关系。”即明确了登记离婚和诉讼离婚的同等效力，一旦离婚登记完成，婚姻关系即宣告解除。该规定符合离婚行为的特殊性。离婚行为作为涉及离婚当事人切身利益的一种重要民事法律活动，是导致婚姻家庭关系发生重大变更的身份法律行为，包含了民政机关的形式审查、登记的公示公信效力以及诚实信用原则等因素，具有既定力，一旦离婚，身份关系不可逆转。

根据《民法典》“婚姻家庭编”的相关规定，协议离婚应满足三个条件：一是当事人具有民事行为能力，二是夫妻双方均有同意离婚的明确意思表示，三是夫妻双方就子女抚养、财产分割及债务处理等问题达成一致形成书面离婚协议。其中第三点，是《民法典》关于离婚协议的内容和要求新调整的内容，强调要有明确的书面协议，且书面离婚协议必须载明的主要内容，以此进一步规范离婚登记手续以及协议离婚的审查标准。因此从法律意义上讲，只要当事人在离婚时具有完全民事行为能力，自愿签订了离婚协议，并办理了离婚登记手续，无论其真实目的为何，都具有解除婚姻关系的法律效力，当事人不享有请求撤销的权利。

本案中，林某与王某共同办理离婚登记，符合上述法律规定，应认定双方婚姻关系已经解除。且双方离婚的真实意图系为了获得离婚带来的经济利益，规避国家的管控政策，事实上二人对离婚的法律效果是明知且积极追求的，因为只有离婚才能达到上述目的。因此在解除双方婚姻关系这一点上，应认定双方意思表示一致，王某所称“假”离婚已经引发二人解除婚姻关系的法律后果。

关联参见

《民法典》第 1049 条

第一千零八十一条　【现役军人离婚】 现役军人的配偶要求离婚，应当征得军人同意，但是军人一方有重大过错的除外。

条文解读

现役军人[①] ➔ 现役军人，指有军籍的人，包括在中国人民解放军服现役、具有军籍和军衔的军官、士兵。具体包括：

---

① 本条文内容出自《中华人民共和国现役军官法》《中国人民解放军军官军衔条例》等。

现役军官：被任命为排级以上职务或者初级以上专业技术职务，并授予相应军衔的现役军人。

军士长、专业军士：均属士官、志愿兵役制士兵。军士长是指被任命为基层行政或者专业技术领导管理职务的现役士兵。专业军士是指服现役满五年以上，自愿继续服现役，经批准担任专业技术工作的现役士兵。

军士、兵：在中国人民解放军被授予上士、中士、下士，以及上等兵、列兵军衔的义务兵役制士兵。他们中间的绝大多数由于年龄尚幼，不具备结婚的年龄条件，因此一般不适用本条的规定。

中国人民武装警察部队虽然不属于中国人民解放军的编制序列，但是在婚姻问题上仍按现役军人婚姻问题处理。

现役军人不包括：一是在军事单位中未取得军籍的职工；二是退役军人，包括复员军人、转业军人、退休军人、离休军人以及退役的革命伤残军人；三是在地方担任某种军事职务的人员。如不属于军队编制的在武装部工作的干部、编入民兵组织或者经过登记的预备役士兵。

现役军人配偶 ➲ 指同现役军人履行了结婚登记手续并领取结婚证的非军人一方。

不适用本条规定的两类军人离婚案件 ➲（1）如果双方都是现役军人，则不是该条调整的对象。本条的立法意图，是以一定方式限制军人配偶的离婚请求实现权，从而对军人一方的意愿予以特别支持。如果双方都是现役军人，不管由谁首先提出离婚诉讼，若要适用本条的规定，则必然会妨害另一方军人的利益。这与该条特殊保护军人婚姻的立法意图不相符合。

（2）现役军人向非军人主动提出离婚的，不适用本条的规定。

军人一方有重大过错 ➲ 可以依据《民法典》第 1079 条第 3 款前 3 项规定及军人有其他重大过错导致夫妻感情破裂的情形予以判断。（1）重婚或者与他人同居；（2）实施家庭暴力或者虐待、遗弃家庭成员；（3）有赌博、吸毒等恶习屡教不改。

实务应用

51. 现役军人的配偶提出离婚，现役军人不同意，如何处理？

如果婚姻基础和婚后感情都比较好，人民法院应配合现役军人所在单位对军人的配偶进行说服教育，劝其珍惜与军人的婚姻关系，正确对待婚姻问题，尽量调解和好或判决不予离婚。但是，如果感情确已破裂，确实无法继续维持夫妻关系，经调解无效，人民法院应当通过军人所在单位的政治机关，向军人做好工作，经其同意后，始得准予离婚。

52. 破坏军婚罪是如何规定的？

明知是现役军人的配偶而与之同居或者结婚的，处 3 年以下有期徒刑或者拘役。

利用职权、从属关系，以胁迫手段奸淫现役军人的妻子的，依照强奸罪的规定定罪处罚。

案例指引

41. 与现役军人配偶长期通奸是否构成破坏军婚罪？①

宋某与杨某是同一车间的工人，两人逐渐产生暧昧关系。宋某长期多次到杨某的家中奸宿，曾被杨母遇见，并到工厂告发。该厂领导对宋某和杨某进行教育，但宋某并不悔改。终于宋某和杨某的行为被杨某的丈夫发现。经审查，杨某的丈夫系现役军人，宋某对此知情。

本案中宋某与现役军人配偶杨某的行为构成破坏军婚罪。现役军人配偶长期通奸行为与同居行为在本质上并无不同，均对军人婚姻关系造成破坏，严重影响军婚的稳定，其危害性并不逊于同居行为对军婚的危害。因此，应当对破坏军婚的危害行为进行扩大解释，将与现役军人的

---

① 参见夏晨：《与现役军人配偶长期通奸是否构成破坏军婚罪?》，载江西法院网 http://jxgy.jxfy.gov.cn/article/detail/2020/02/id/4813094.shtml，最后访问日期：2023 年 2 月 27 日。

配偶长期通奸，视为破坏军婚的危害行为。

破坏军婚罪客观衡量标准是该具体危害行为是否侵害了本罪的客体。根据罪刑法定原则，长期通奸本身并不构成犯罪，但是宋某与杨某长期通奸的行为在客观上破坏了现役军人的婚姻关系，侵犯了破坏军婚罪所保护的客体，即我国一夫一妻制婚姻关系中的现役军人的婚姻关系。此外，单纯以“同居”“结婚”作为破坏军婚罪的危害行为，未免以偏概全且无法包含破坏军婚中的各类复杂情况，也不符合时代要求。

从立法目的角度而言，若不对与现役军人的配偶长期通奸的行为以破坏军婚罪论处，不利于军婚的切实保护。作为受害方的现役军人只能默默承受着婚姻被破坏的结果，其婚姻得不到有力、有效的保护，在一定程度上会影响到军队稳定、国防建设，也影响了社会的安定，这与破坏军婚罪的立法宗旨和目的是相悖的。

关联参见

《民法典》第1079条；《刑法》第236条、第259条；《民法典婚姻家庭编解释（一）》第64条

第一千零八十二条　【男方提出离婚的限制情形】女方在怀孕期间、分娩后一年内或者终止妊娠后六个月内，男方不得提出离婚；但是，女方提出离婚或者人民法院认为确有必要受理男方离婚请求的除外。

实务应用

53. 男方在女方怀孕期间绝对没有离婚请求权吗？

本条规定限制的是男方在一定期限内的起诉权，而不是否定和剥夺男方的起诉权，只是推迟了男方提出离婚的时间，并不涉及准予离婚与不准予离婚的实体性问题。也就是说，只是对男方离婚请求权暂时性的限制，超过法律规定的期限，不再适用此规定。但是，男方在此期间并

不是绝对的没有离婚请求权，法律还有例外规定，即人民法院认为“确有必要”的，也可以根据具体情况受理男方的离婚请求。所谓“确有必要”，一般是指比本条特别保护利益更为重要的利益需要关注的情形。在本条规定中，法律还规定了另一种例外情形，即在此期间，女方提出离婚的，不受此规定的限制。女方自愿放弃法律对其的特殊保护，说明其本人对离婚已有思想准备，对此，法院应当根据当事人婚姻的实际情况判定是否准予离婚。

54. 同居期间女方怀孕，男方要求解除同居关系的行为是否合法？

由于同居关系和合法婚姻关系本质上的不同，《民法典》的前述规定不适用于解除同居关系的案件，婚姻关系的解除因女方怀孕、分娩会导致一定时间段内男方不能提出离婚，而同居关系的解除却并不是这样，同居关系是双方谁想解除就可以解除的。

第一千零八十三条　【复婚】 离婚后，男女双方自愿恢复婚姻关系的，应当到婚姻登记机关重新进行结婚登记。

条文解读

复婚 是指离了婚的男女重新和好，再次登记结婚，恢复婚姻关系。男女双方离婚后又自愿复婚，可以通过办理恢复结婚登记，重新恢复婚姻关系。

实务应用

55. 复婚登记比结婚登记的手续简化吗？

《婚姻登记条例》第 14 条规定，离婚的男女双方自愿恢复夫妻关系的，应当到婚姻登记机关办理复婚登记。复婚登记适用本条例结婚登记的规定。即复婚登记手续与结婚登记手续一致，男女双方应当亲自到一方户籍所在地的婚姻登记机关申请复婚登记。在办理复婚登记时，应提交原离婚证，以备婚姻登记机关审查。婚姻登记机关按照结婚登记程序办理复婚登记。在办理复婚登记时，应当收回双方当事人的离婚证后，重新发给结婚证。收回离婚证的目的，是防止当事人重婚。对于复婚的当事人一般不再要求进行婚前健康检查。

关联参见

《民法典》第1049条；《婚姻登记条例》第14条；《民法典婚姻家庭编解释（一）》第5—8条；《婚姻登记档案管理办法》；《婚姻登记工作规范》第5—7条

第一千零八十四条　【离婚后子女的抚养】父母与子女间的关系，不因父母离婚而消除。离婚后，子女无论由父或者母直接抚养，仍是父母双方的子女。

离婚后，父母对于子女仍有抚养、教育、保护的权利和义务。

离婚后，不满两周岁的子女，以由母亲直接抚养为原则。已满两周岁的子女，父母双方对抚养问题协议不成的，由人民法院根据双方的具体情况，按照最有利于未成年子女的原则判决。子女已满八周岁的，应当尊重其真实意愿。

条文解读

离婚后，不满2周岁的子女的抚养 ➲ 离婚案件涉及未成年子女抚养的，对不满2周岁的子女，以由母亲直接抚养为原则。母亲有下列情形之一，父亲请求直接抚养的，人民法院应予支持：（1）患有久治不愈的传染性疾病或者其他严重疾病，子女不宜与其共同生活；（2）有抚养条件不尽抚养义务，而父亲要求子女随其生活；（3）因其他原因，子女确不宜随母亲生活。

父母双方协议不满2周岁子女由父亲直接抚养，并对子女健康成长无不利影响的，人民法院应予支持。

离婚后，已满 2 周岁的未成年子女的抚养 ➜ 对已满 2 周岁的未成年子女，父母均要求直接抚养，一方有下列情形之一的，可予优先考虑：（1）已做绝育手术或者因其他原因丧失生育能力；（2）子女随其生活时间较长，改变生活环境对子女健康成长明显不利；（3）无其他子女，而另一方有其他子女；（4）子女随其生活，对子女成长有利，而另一方患有久治不愈的传染性疾病或者其他严重疾病，或者有其他不利于子女身心健康的情形，不宜与子女共同生活。

实务应用

56. 父母抚养子女的条件基本相同且均要求抚养子女的，怎么办？

父母抚养子女的条件基本相同，双方均要求直接抚养子女，但子女单独随祖父母或者外祖父母共同生活多年，且祖父母或者外祖父母要求并且有能力帮助子女照顾孙子女或者外孙子女的，可以作为父或者母直接抚养子女的优先条件予以考虑。

57. 父母能轮流直接抚养子女吗？

在有利于保护子女利益的前提下，父母双方协议轮流直接抚养子女的，人民法院应予支持。

58. 生父与继母离婚，继母不同意继续抚养曾受其抚养教育的继子女的，怎么办？

生父与继母离婚或者生母与继父离婚时，对曾受其抚养教育的继子女，继父或者继母不同意继续抚养的，仍应由生父或者生母抚养。

59. 抚养关系确定后，还能变更吗？

具有下列情形之一，父母一方要求变更子女抚养关系的，人民法院应予支持：（1）与子女共同生活的一方因患严重疾病或者因伤残无力继续抚养子女；（2）与子女共同生活的一方不尽抚养义务或有虐待子女行为，或者其与子女共同生活对子女身心健康确有不利影响；（3）已满 8

周岁的子女，愿随另一方生活，该方又有抚养能力；（4）有其他正当理由需要变更。

60. 抚养关系变更是否应当充分尊重子女意愿？

（1）以最大化保护未成年子女利益作为是否变更抚养关系的首要考虑因素，同时未成年子女的利益应该包括身心健康等诸多方面。（2）选择随父亲或母亲共同生活并非民事法律行为，8周岁以上的未成年子女的心智已经发育到有能力选择与其共同生活的父母。（3）抚养关系的变更对未成年子女的成长具有极为重要的影响，抚养权的争夺本身就可能对未成年子女造成伤害，全面衡量各种因素慎重裁判、温情司法对于处理此类案件具有特别重要的意义。

案例指引

42. 双方当事人在离婚后，均能妥善照顾未成年子女的成长，法院如何判决变更抚养关系？[①]

刘某（女）与张某（男）于2010年12月登记结婚，2011年5月生育一女。后双方因感情不和，于2016年12月协议离婚。协议约定女儿随张某在天津共同生活，刘某行使探望权。刘某现居住在河北，但为了让孩子在父母离婚后仍能感受到父母完整的爱，曾多次将女儿接到身边照顾。张某为方便孩子上学已在天津购买学区房，但由于工作原因，陪伴孩子时间较少，孩子多由奶奶照顾，奶奶同时还有其他孙辈需要照顾。2019年因女儿生病，刘某将女儿带回其现居住地共同生活数月。在此期间，刘某悉心照顾女儿，并为其办理入学相关手续，现已就读三年级。女儿在刘某处已形成稳定的生活、居住、学习状态，也满意目前的成长环境。刘某向法院提起变更女儿抚养关系的诉讼请求。本案审理

---

① 参见《刘某与张某变更抚养关系纠纷案杨某某与李某变更抚养关系纠纷案》，载天津法院网 https：//tjfy. tjcourt. gov. cn/article/detail/2021/06/id/6071562. shtml，最后访问日期：2023年2月27日。

期间，女儿已满8岁，其向法院陈述愿意随刘某共同生活。

刘某与张某变更抚养关系纠纷案中，法院生效裁判认为，频繁改变子女的生活环境，特别是在津冀两地频繁往返，舟车劳顿，对子女的成长并无益处。女儿跟随刘某生活数月，并已就学，生活环境已进入稳定状态。从有利于未成年子女的成长、为其提供稳定和谐的成长环境出发，充分考虑并尊重已满8周岁女儿的本人意见，以及刘某具有抚养子女的条件，亦无法定的不宜抚养子女的情形，支持对刘某要求变更抚养关系的诉讼请求。

关联参见

《民法典》第26条；《民法典婚姻家庭编解释（一）》第44—48条、第54条、第56条

第一千零八十五条　【离婚后子女抚养费的负担】离婚后，子女由一方直接抚养的，另一方应当负担部分或者全部抚养费。负担费用的多少和期限的长短，由双方协议；协议不成的，由人民法院判决。

前款规定的协议或者判决，不妨碍子女在必要时向父母任何一方提出超过协议或者判决原定数额的合理要求。

条文解读

抚养费的数额➲抚养费的数额，可以根据子女的实际需要、父母双方的负担能力和当地的实际生活水平确定。有固定收入的，抚养费一般可以按其月总收入的20%—30%的比例给付。负担两个以上子女抚养费的，比例可以适当提高，但一般不得超过月总收入的50%。无固定收入的，抚养费的数额可以依据当年总收入或者同行业平均收入，参照上述比例确定。有特殊情况的，可以适当提高或者降低上述比例。

抚养费的给付➲抚养费应当定期给付，有条件的可以一次性给付。

父母一方无经济收入或者下落不明的，可以用其财物折抵抚养费。

父母双方可以协议由一方直接抚养子女并由直接抚养方负担子女全部抚养费。但是，直接抚养方的抚养能力明显不能保障子女所需费用，影响子女健康成长的，人民法院不予支持。

抚养费的给付期限，一般至子女18周岁为止。16周岁以上不满18周岁，以其劳动收入为主要生活来源，并能维持当地一般生活水平的，父母可以停止给付抚养费。

实务应用

61. 子女可以要求增加抚养费吗？

具有下列情形之一，子女要求有负担能力的父或者母增加抚养费的，人民法院应予支持：（1）原定抚养费数额不足以维持当地实际生活水平；（2）因子女患病、上学，实际需要已超过原定数额；（3）有其他正当理由应当增加。

62. 给子女改姓氏，可以作为拒付抚养费的理由吗？

父母不得因子女变更姓氏而拒付子女抚养费。父或者母擅自将子女姓氏改为继母或继父姓氏而引起纠纷的，应当责令其恢复原姓氏。

案例指引

43. 调解离婚后能否要求非抚养方给付抚养费？①

王某与陈某于2018年因感情不和向法院提起离婚诉讼，经法院调解，双方约定婚生小孩由陈某抚养至成年，且无需王某支付抚养费。2021年，陈某因小孩日渐成长无法独自承担其教育、生活等费用为由，以小孩的名义向法院申请被告支付部分抚养费用。

---

① 参见李偲越：《调解离婚后能否要求非抚养方给付抚养费？》，载江西法院网 http：//jxgy. jxfy. gov. cn/article/detail/2021/08/id/6206551. shtml，最后访问日期：2023年2月27日。

原调解系经过双方自愿、真实的意思表示且生效的法律文书，具有约束性，陈某作为完全民事行为能力人，对其民事行为的后果有足够的认知能力，对自行抚养小孩所可能带来的经济负担，陈某是应当能够预见的，所以，陈某要求非抚养方给付抚养费的要求不能得到支持。

随着“分调裁审”改革不断深化，多元化解纷机制逐渐完善，越来越多的离婚案件趋向于由当事人双方作为主导力量，法院出具调解书或者裁定书，这样也更加有利于家庭整体的和睦，以及和谐社会的创建。所以，在本案当中这种没有实质性证据或者正当事由的情形下，各方当事人均应当遵守该民事调解书对双方当事人权利义务的约定，倘若轻易变更，会有损法律的权威性和公信力，也对我国法律所规定的诚实信用原则有所违背。

以《民法典》第1085条中的“必要时”的情形作为判断未抚养子女一方是否需要支付抚养费的依据。所以，在本案中陈某无故要求非抚养方支付抚养费用不应得到支持。

关联参见

《民法典婚姻家庭编解释（一）》第49—53条、第58条、第59条

第一千零八十六条　【探望子女权利】 离婚后，不直接抚养子女的父或者母，有探望子女的权利，另一方有协助的义务。

行使探望权利的方式、时间由当事人协议；协议不成的，由人民法院判决。

父或者母探望子女，不利于子女身心健康的，由人民法院依法中止探望；中止的事由消失后，应当恢复探望。

条文解读

探望权纠纷的诉讼受理 ➲ 人民法院作出的生效离婚判决中未涉及探望权，当事人就探望权问题单独提起诉讼的，人民法院应予受理。

探望权的中止和恢复 ➲ 父或者母探望子女，不利于子女身心健康

的，由人民法院依法中止探望。

当事人在履行生效判决、裁定或者调解书的过程中，一方请求中止探望的，人民法院在征询双方当事人意见后，认为需要中止探望的，依法作出裁定；中止探望的情形消失后，人民法院应当根据当事人的请求书面通知其恢复探望。

提出中止探望权的主体 未成年子女、直接抚养子女的父或者母以及其他对未成年子女负担抚养、教育、保护义务的法定监护人，有权向人民法院提出中止探望的请求。

对于拒不执行探望子女等裁判的强制执行 对于拒不协助另一方行使探望权的有关个人或者组织，可以由人民法院依法采取拘留、罚款等强制措施，但是不能对子女的人身、探望行为进行强制执行。

案例指引

44. 为达到取得孩子抚养权的目的，将孩子藏匿起来，能得到法院的支持吗？[①]

王某（女）、聂某（男）于2010年登记结婚，于2014年生育一子聂某某。2016年二人分居，聂某某随母亲王某生活。聂某称，分居后，王某母亲带三个人闯入自己家中，强行将孩子交给自己，将年仅2岁的孩子无情抛弃。之后，聂某多次打电话给王某，均拒接，且王某从未打电话询问孩子的情况。后聂某父母将孩子带到北京聂某哥哥住处，聂某给王某发短信打电话，告知孩子地址并表示欢迎其探视，但王某依然拒绝探视。后聂某又将聂某某送回其山西老家，由其父母照管。

2016年王某起诉离婚，经调解，双方自愿离婚，婚生子聂某某归聂某抚养，王某按月给付子女抚养费并每周探视一次。探视期届满后，王某未按协议约定将聂某某送至聂某处。后聂某申请执行，但至今王某

① 参见《天津高院发布涉争夺抚养权典型案例》（2020年6月1日发布），“离婚不要娃，探视期间隐匿孩子，诉请抚养权被驳回”，载天津法院网 https：//tjfy. tjcourt. gov. cn/article/detail/2020/06/id/5252533. shtml，最后访问日期：2023年2月27日。

未将聂某某送回。现王某以聂某将孩子送到其老家，导致王某无法及时探视孩子且孩子所居住的农村生活条件极端恶劣，而天津市的生活环境和教育水平对孩子的生活和教育更加有利为由，请求变更孩子由王某抚养。

在离婚诉讼中，王某提出自己患有精神疾病、抑郁症，不能抚养孩子，主动放弃对孩子的抚养权，但对财产分割毫不放弃，未曾对孩子的抚养做出任何财产上的考虑和安排。在分居期间，婚生子由聂某抚养，在双方离婚协议中也明确约定婚生子由聂某抚养。此后，聂某一直履行抚养义务，且在王某申请法院执行离婚协议中关于其探视权利时，双方再次达成执行和解协议，双方均应按该协议履行。虽然聂某某由聂某抚养，但王某可以通过行使探视权等其他方式将自己的关心、呵护、教育倾注在聂某某身上。为了孩子的身心健康，法院判决孩子继续由聂某抚养，驳回王某诉讼请求。

父母与子女的关系，不会因为父母离婚而消除，虽然双方感情破裂不在一起生活了，但子女既需要父爱也离不开母爱，因此，父母双方均要从子女的角度考虑如何做才能对子女最有利，从而使其健康成长。在本案中，原告因与被告有矛盾，在分居后将 2 岁孩子扔至被告处，在离婚调解中同意孩子由被告抚养，所以原告根本没有抚养孩子的意愿。在探视孩子过程中原告又不按约定将孩子交与被告，为达到取得孩子抚养权的目的，将孩子藏匿起来，该做法不应得到法律支持。再者原告在处理与被告矛盾的做法上也过于偏激，很难带给孩子正面的影响，如果将孩子交由原告抚养，不但会改变孩子现有的稳定生活环境，还可能带来不可逆的负面影响。

45. 意图控制孩子后要求法院变更孩子的抚养权，行得通吗？[①]

侯某（女）、马某（男）原系夫妻关系，婚后生育一子马某一。后

---

① 参见《天津高院发布涉争夺抚养权典型案例》，“探望期间恶意争夺抚养权，诉请变更抚养关系被驳回”，载天津法院网 https：//tjfy. tjcourt. gov. cn/article/detail/2020/06/id/5252533. shtml，最后访问日期：2023 年 2 月 27 日。

因感情不和于2013年协议离婚，约定婚生子马某一归马某抚养，不需要侯某支付抚养费，侯某可随时探望孩子，不经马某同意，侯某不得将孩子带走过夜。离婚后，马某一随马某及马某父亲居住在T市。2015年，马某因工作调动至B市，故携婚生子马某一前往B市居住生活。一日，马某带马某一前往T市口腔医院治疗时，侯某未经马某同意将婚生子带走。2015年国庆节假期，侯某携马某一前往外省旅游期间，马某派他人将马某一从侯某处强行带走。现婚生子在马某处生活。

双方在抚养子女的问题上产生矛盾时，均应当积极协商解决问题，不能不经对方同意，强行抱走子女。由于强行抱走子女的行为可能会对子女的健康成长不利，法院对强行抱走子女的行为予以谴责。考虑到改变被扶养人的现有生活环境可能会不利于未成年人的健康成长，本案将抚养权判决归马某所有。

本案中双方当事人为了争夺孩子的实际抚养权，均存在抢夺未成年子女的行为，矛盾激烈，严重侵害了孩子的身心健康。从客观上讲，因孩子的居住地发生变化，确实对母亲一方的探视产生了影响，但不能因此抢走孩子，也不能意图控制孩子后要求法院变更孩子的抚养权。从本案可以看出，父母双方均认为孩子的实际控制权与孩子的抚养权存在必然联系，因此发生了抢夺孩子的行为。为充分保护未成年子女合法权益，法院结合双方约定，同时充分考虑了抚养人的家庭环境、工作情况、经济状况以及抚养期间的实际表现，将马某一的抚养权判决归马某所有，同时对双方强行抱走孩子的行为予以谴责，充分保护了未成年子女权益，具有典型意义。

关联参见

《民事诉讼法》第114条、第231条；《民法典婚姻家庭编解释（一）》第65—68条

第一千零八十七条　【离婚时夫妻共同财产的处理】 离婚时，夫妻的共同财产由双方协议处理；协议不成的，由人民法院根据财产的具体情况，按照照顾子女、女方和无过错方权益的原则判决。

对夫或者妻在家庭土地承包经营中享有的权益等，应当依法予以保护。

条文解读

军人复员费、自主择业费等的归属及计算方法 ➲ 人民法院审理离婚案件，涉及分割发放到军人名下的复员费、自主择业费等一次性费用的，以夫妻婚姻关系存续年限乘以年平均值，所得数额为夫妻共同财产。

年平均值，是指将发放到军人名下的上述费用总额按具体年限均分得出的数额。其具体年限为人均寿命70岁与军人入伍时实际年龄的差额。

投资性财产的分割 ➲ 夫妻双方分割共同财产中的股票、债券、投资基金份额等有价证券以及未上市股份有限公司股份时，协商不成或者按市价分配有困难的，人民法院可以根据数量按比例分配。

有限责任公司出资额的分割 ➲ 人民法院审理离婚案件，涉及分割夫妻共同财产中以一方名义在有限责任公司的出资额，另一方不是该公司股东的，按以下情形分别处理：

（1）夫妻双方协商一致将出资额部分或者全部转让给该股东的配偶，其他股东过半数同意，并且其他股东均明确表示放弃优先购买权的，该股东的配偶可以成为该公司股东；

（2）夫妻双方就出资额转让份额和转让价格等事项协商一致后，其他股东半数以上不同意转让，但愿意以同等条件购买该出资额的，人民法院可以对转让出资所得财产进行分割。其他股东半数以上不同意转让，也不愿意以同等条件购买该出资额的，视为其同意转让，该股东的配偶可以成为该公司股东。

用于证明前款规定的股东同意的证据，可以是股东会议材料，也可以是当事人通过其他合法途径取得的股东的书面声明材料。

涉及合伙企业中共同财产份额的份额原则 ➲ 人民法院审理离婚案件，涉及分割夫妻共同财产中以一方名义在合伙企业中的出资，另一方不是该企业合伙人的，当夫妻双方协商一致，将其合伙企业中的财产份额全部或者部分转让给对方时，按以下情形分别处理：

（1）其他合伙人一致同意的，该配偶依法取得合伙人地位；

（2）其他合伙人不同意转让，在同等条件下行使优先购买权的，可以对转让所得的财产进行分割；

（3）其他合伙人不同意转让，也不行使优先购买权，但同意该合伙人退伙或者削减部分财产份额的，可以对结算后的财产进行分割；

（4）其他合伙人既不同意转让，也不行使优先购买权，又不同意该合伙人退伙或者削减部分财产份额的，视为全体合伙人同意转让，该配偶依法取得合伙人地位。

独资企业财产的分割 ➲ 夫妻以一方名义投资设立个人独资企业的，人民法院分割夫妻在该个人独资企业中的共同财产时，应当按照以下情形分别处理：

（1）一方主张经营该企业的，对企业资产进行评估后，由取得企业资产所有权一方给予另一方相应的补偿；

（2）双方均主张经营该企业的，在双方竞价基础上，由取得企业资产所有权的一方给予另一方相应的补偿；

（3）双方均不愿意经营该企业的，按照《个人独资企业法》等有关规定办理。

夫妻共同财产中的房屋价值及归属 ➲ 双方对夫妻共同财产中的房屋价值及归属无法达成协议时，人民法院按以下情形分别处理：

（1）双方均主张房屋所有权并且同意竞价取得的，应当准许；

（2）一方主张房屋所有权的，由评估机构按市场价格对房屋作出评估，取得房屋所有权的一方应当给予另一方相应的补偿；

（3）双方均不主张房屋所有权的，根据当事人的申请拍卖、变卖房屋，就所得价款进行分割。

所有权未确定的房屋处理 ➲ 离婚时双方对尚未取得所有权或者尚未取得完全所有权的房屋有争议且协商不成的，人民法院不宜判决房屋所有权的归属，应当根据实际情况判决由当事人使用。

当事人就前款规定的房屋取得完全所有权后，有争议的，可以另行向人民法院提起诉讼。

离婚时一方婚前贷款所购不动产的处理 ➲ 夫妻一方婚前签订不动产买卖合同，以个人财产支付首付款并在银行贷款，婚后用夫妻共同财产还贷，不动产登记于首付款支付方名下的，离婚时该不动产由双方协议处理。

依前款规定不能达成协议的，人民法院可以判决该不动产归登记一方，尚未归还的贷款为不动产登记一方的个人债务。双方婚后共同还贷支付的款项及其相对应财产增值部分，离婚时应根据《民法典》第1087条第1款规定的原则，由不动产登记一方对另一方进行补偿。

购买以一方父母名义参加房改的房屋的处理 ➲ 婚姻关系存续期间，双方用夫妻共同财产出资购买以一方父母名义参加房改的房屋，登记在一方父母名下，离婚时另一方主张按照夫妻共同财产对该房屋进行分割的，人民法院不予支持。购买该房屋时的出资，可以作为债权处理。

夫妻间借款的处理 ➲ 夫妻之间订立借款协议，以夫妻共同财产出借给一方从事个人经营活动或者用于其他个人事务的，应视为双方约定处分夫妻共同财产的行为，离婚时可以按照借款协议的约定处理。

案例指引

46. 夫妻一方个人所有房屋在婚姻关系存续期间产生的租金，应如何认定？①

2011年10月25日，金某与俞某签订夫妻财产协议并进行公证，主

① 参见《北京市第三中级人民法院民事判决书》，案号：（2019）京03民终13941号，载中国裁判文书网。

要内容为：1. 俞某名下婚后购买 2008 号房屋，上述房产作为俞某个人财产，享有独立的所有权，不作为夫妻共同财产；2. 金某名下婚后取得 402 号房屋及 903 号房屋，上述房产作为金某个人财产，享有独立的所有权，不作为夫妻共同财产。

后金某诉至法院，要求解除婚姻关系，并要求分割 2008 号房屋的租金。二人对分割 2008 号房屋租金的起止时间产生歧义。金某要求分割自 2015 年 8 月 19 日至 2018 年 12 月 31 日该房屋产生的租金共计 40 万元，金某称因租金是夫妻共同财产，不是 2008 号房屋的法定孳息，故应平均分割。俞某要求分割自 2013 年 8 月至 2018 年 12 月该房屋产生的租金共计 68 万元，因为租金是 2008 号房屋的法定孳息，应属于俞某的个人财产，所以要求全部归其所有。

另查，关于 2008 号房屋租赁情况，金某称 2008 号房屋在 2013 年至 2014 年没有出租，2014 年至 2015 年确实出租了，但没有租赁合同，金某收到了 13 万元，但没法确认是谁支付的，是否是租金，某公司向俞某的银行卡上支付了 2015 年至 2016 年、2016 年至 2017 年的租金，都是 13 万元（12 万元租金+1 万元税费），银行卡是由金某实际控制，但租金也都用于双方日常的生活，2017 年 8 月至 2018 年 12 月 31 日 2008 号房屋租给某 2 公司，租金是 154320. 15 元，2008 号房屋的租金都已经作为生活开支花完了。俞某称 2013 年 8 月至 2014 年 8 月租金情况不清楚，2014 年 8 月至 2015 年 8 月租给了某公司，租金是 13 万元，打到了金某的账户上，其没有租赁合同，2015 年 8 月至 2017 年 8 月也是租给了某公司，租金也是 13 万元，打到了俞某的银行卡上，银行卡由金某实际控制，这两笔租金金某都转到了自己的账户，2017 年 8 月至 2018 年 12 月房屋出租给某 2 公司，租金是 154320. 15 元。经查，2014 年 9 月 17 日，某公司向金某账户转账 13 万元。

准予原告金某与被告俞某离婚；原告金某于本判决生效之日起 7 日内支付被告俞某 27 万元；驳回原告金某的其他诉讼请求。

关于夫妻一方个人所有的房屋在婚姻关系存续期间产生的租金性质

应该如何认定。金某与俞某虽约定2008号房屋归俞某所有，但并未就房屋租金进行约定，双方从2004年后即住在903号房屋，2008号房屋进行出租，因此2008号房屋租金应为金某和俞某的夫妻共同财产。金某称租金用于生活花销，但未提交证据予以佐证，对金某的意见不予采纳，金某掌握租金的实际情况酌定金某应支付俞某部分租金27万元。金某要求俞某支付生活费和903号房屋使用费没有法律依据，不予支持。俞某提交的证据不能证明金某存在婚内出轨及家庭暴力的情况，对俞某要求10万元赔偿不予支持。

47. 夫妻赠与约定与夫妻财产约定有什么区分？①

原告朱某与被告倪某于2013年9月9日登记结婚，2015年5月26日生育一子朱某甲。结婚登记日，原、被告双方作为买受人签订房地产买卖合同一份，购买房屋一套，合同转让价为160万元，实际总价为230万元。被告作为借款人签订个人住房组合抵押借款额合同一份，公积金贷款60万元、商业性贷款50万元，用于购买该房屋，原告作为抵押人于落款处签字。房屋产权登记于原、被告名下。截至2019年6月24日，该房屋公积金贷款剩余借款本金为376666.89元、商业贷款剩余借款本金为360416.89元。2019年5月8日，某房地产估价公司就该房屋的市场价值出具房地产估价报告，估价结果为估价对象在全部假设和限制条件下的市场价值为408万元。为此，原告支付评估费11000元。

2016年6月15日，朱某父亲朱某乙报警称：×××路×××号×××室发生家庭纠纷，请民警到场处理。民警到场后，告知双方自行协商解决。

同年7月16日，原、被告双方签订《婚内协议书》，载明：男女双方于2013年9月9日领取结婚证，婚后有一处共同房产，位于×××，现协议此套房产归女方一人所有。

原告朱某向本院提出诉讼请求：1. 判令原、被告双方离婚；2. 依

---

① 参见《上海市第一中级人民法院民事判决书》，案号：（2019）沪01民终12149号，载中国裁判文书网。

法分割夫妻共同财产；3. 判令婚生子朱某甲由原告抚养，被告每月支付抚养费 1500 元（人民币，下同），至朱某甲 18 周岁止。诉讼中，原告陈述系争房屋首付款 120 万元，由其向父母借款 1123000 元以及个人存款 77000 元支付。被告提供的《婚内协议书》，系原告在受到被告及其母亲胁迫下书写，并非其真实意思表示，即便协议有效，双方并未就相关房屋完成变更登记，其有权撤销对被告相关房屋份额的赠与，故要求该房屋归原告所有，原告向被告支付 35%房屋产权的折价款。被告认为其出资 10 万元用于×××路房屋首付，根据原、被告双方签订的《婚内协议书》，属于夫妻财产约定，应归被告一人所有。

准予原告朱某与被告倪某离婚；登记于原告朱某与被告倪某名下房屋（含房屋内家具家电）归被告倪某所有，该房屋剩余贷款由被告倪某负责清偿；被告倪某于本判决生效之日起 10 日内向原告朱某支付房屋产权折价款 145 万元，原告朱某应于被告倪某支付前述款项之日起 10 日内协助被告倪某办理产权变更手续，由此产生的相关费用，依据有关规定各自负担。

关于原、被告双方所签的《婚内协议书》属于“夫妻赠与约定”还是“夫妻财产约定”。法院经审理认为，原、被告双方名下的房屋系原、被告双方婚后购买，且登记于原、被告双方共同名下，属夫妻双方共同财产性质。

被告依据原告签字确认的《婚内协议书》主张该房屋归其一人所有，但根据协议的内容，财产处分仅涉及该房屋，且仅包含原告所享有的产权份额无偿归被告所有之意思。双方于 2016 年 6 月爆发家庭矛盾，从该《婚内协议书》的制定背景、双方当事人的日常生活、分居时间等来判断，应认定朱某有极力挽回夫妻感情、婚姻关系之意图，故而写下该协议。因此，根据《婚内协议书》载明的内容及形成过程，协议书应理解为原告将其产权份额赠与被告之意思表示，属夫妻间房产赠与协议。鉴于该房屋并未办理产权变更手续，现原告要求撤销赠与的主张，符合相关法律规定，本院予以采纳。

48. 夫妻忠实协议具有强制执行力吗？①

李某与马某于2012年登记结婚并育有一女，婚后李某与异性罗某存在不正当交往，导致罗某两次怀孕。2017年，李某与马某签订《婚内协议》，约定“今后双方互相忠诚，如因一方过错行为（婚外情等）造成离婚，孩子由无过错方抚养，过错方放弃夫妻名下所有财产，并补偿无过错方相应财产”。签订协议后，李某继续与罗某保持交往并诉至法院要求与马某离婚。马某同意离婚，并主张按照《婚内协议》的约定，孩子由其抚养，李某放弃夫妻名下所有财产并对马某进行补偿。

法院审理认为，《婚内协议》中关于子女的抚养约定因涉及身份关系，应属无效；关于财产分割即经济补偿的约定，系忠实协议，不属于法律规定夫妻财产约定的情形。马某主张按照《婚内协议》处理子女抚养及财产分割无法律依据，但考虑到李某在婚姻中的明显过错，最后判决，李某与马某离婚，孩子由马某抚养，马某分得夫妻共同财产的70%。

《民法典》第1043条规定：“家庭应当树立优良家风，弘扬家庭美德，重视家庭文明建设。夫妻应当互相忠实，互相尊重，互相关爱；家庭成员应当敬老爱幼，互相帮助，维护平等、和睦、文明的婚姻家庭关系。”本条是关于婚姻家庭中道德规范的规定，属于倡导性、宣誓性条款，体现了法治和德治结合并举的精神。《民法典婚姻家庭编解释（一）》第4条规定：“当事人仅以民法典第一千零四十三条为依据提起诉讼的，人民法院不予受理；已经受理的，裁定驳回起诉。”可见，夫妻之间签订忠实协议，应由当事人本着诚信原则自觉履行，法律并不禁止夫妻之间签订此类协议，但也不赋予此类协议强制执行力。主要原因在于，一方面，如法院受理此类忠实协议纠纷，主张按忠实协议赔偿的一方当事人，既要证明协议内容真实，无欺诈、胁迫情形，又要证明对方具有违反忠实协议的行为，可能导致为了举证而去捉奸，为获取证据窃听电

---

① 参见权成子：《婚姻的“三类协议”，签署需谨慎！》，载北京法院网 https://bjgy.bjcourt.gov.cn/article/detail/2022/01/id/6481624.shtml，最后访问日期：2023年2月27日。

话、私拆信件，甚至对个人隐私权更为恶劣的侵犯情形都可能发生，夫妻之间的感情纠葛可能演变为刑事犯罪案件，负面效果不可低估。另一方面，赋予忠实协议法律强制执行力的后果之一，就是鼓励当事人在婚前签订一个可以“拴住”对方的忠实协议，这不仅会增大婚姻成本，而且会使建立在双方情感和信任基础上的婚姻关系变质。故忠实协议实质上属于情感、道德范畴，能自觉自愿履行当然极好，如违反忠实协议一方心甘情愿净身出户或赔偿若干金钱，为自己的出轨行为付出经济上的代价，但是如果一方不愿履行，也不能强迫其履行忠实协议。

签订“忠实协议”并非有效巩固婚姻关系的途径，除非一方自愿遵守，否则难以通过诉讼方式赋予“忠实协议”强制执行力。在婚姻关系中的无过错一方，可以依据《民法典》第1087条“离婚时，夫妻的共同财产由双方协议处理；协议不成的，由人民法院根据财产的具体情况，按照照顾子女、女方和无过错方权益的原则判决”的规定，请求法院在处理财产时给予一定的倾向性保护。

关联参见

《民法典》第1063条、第1065条；《民法典婚姻家庭编解释（一）》第69条、第71—79条、第82条

第一千零八十八条　【离婚经济补偿】夫妻一方因抚育子女、照料老年人、协助另一方工作等负担较多义务的，离婚时有权向另一方请求补偿，另一方应当给予补偿。具体办法由双方协议；协议不成的，由人民法院判决。

实务应用

63. 离婚时“全职太太”可否请求经济补偿？

在部分婚姻中，已婚妇女在家中身兼清洁工、厨师、心理咨询师等数职，对于她们为家庭作出的巨大贡献，法律不能视而不见。

本条规定将家务劳动由“无偿”变成了“有偿”，但并不是赞成将夫妻关系物质化，也并非支持付出家务劳动较多的一方在离婚时可以漫天要价，家务补偿的诉求需要有理有据，否则很难得到法院支持。

此外，本条“关照”的不只是全职太太，同时也照顾“家庭煮夫”们，让为家庭付出劳动多的一方得到应有的救济。但值得注意的是，经济补偿制度需要符合一定条件才能适用，首先经济补偿请求以负担了较多的家庭义务为前提，包括但不限于民法典规定列举的抚育子女、照料老年人、协助另一方情形，实践中为家人准备食物、清理住所环境、整理衣物等也会有所考量；经济补偿需一方主动提出，法院不得主动适用，但人民法院可以向当事人释明其家务劳动补偿请求权，是否行使由当事人自行决定；经济补偿请求须在离婚时提出，如果双方协议或判决离婚后，一方提出经济补偿请求的，人民法院不予受理。

案例指引

49. 婚姻期间丈夫学习深造，职场妻子能否获得离婚家务补偿？[①]

林先生与谭女士于2010年登记结婚，并育有一女。婚后，双方购买某处房屋一套。因双方一直处于分居状态，夫妻感情已破裂无和好可能，林先生向法院提起诉讼，并要求判令离婚，女儿由其抚养，并依法分割共同财产。

谭女士认为，夫妻双方的感情已经破裂，无和好可能，同意解除与林先生的婚姻关系。另外，因林先生在婚姻期间考研、读博，自己用婚前积蓄及工资养育女儿、负担家庭日常开支，并承担家庭饮食起居、衣食住行、养育女儿等所有家务劳动。林先生攻读研究生及博士，自己从财产及人力上予以支持，现林先生完成学业，未来的工作及收入均是产值最高期，林先生要求离婚，应该给付我补偿。因此，请求法院判令，

---

① 参见曾慧：《婚姻期间丈夫学习深造职场妻子离婚获家务补偿10万元》，载北京法院网 https：//bjgy. bjcourt. gov. cn/article/detail/2022/03/id/6562329. shtml，最后访问日期：2023年2月27日。

女儿由我抚养，林先生每月支付抚养费；依法分割共同购买的房屋一套及共同存款 15 万元，并给付家务劳动补偿 10 万元。

法院经审理查明，林先生与谭女士于 2010 年登记结婚，2011 年至 2016 年期间，林先生就读在职研究生、博士。夫妻双方目前已分居，女儿随谭女士共同生活。双方工资收入均在 1 万元左右。

法院判决认为，婚姻关系的存续应以夫妻感情为基础，现林先生要求与谭女士离婚，谭女士表示同意，法院予以确认。

关于子女抚养，根据法律规定，父母对子女有抚养教育的义务，当父母不履行抚养义务时，未成年或不能独立生活的子女，有要求父母给付抚养费的权利。离婚后，一方抚养的子女，另一方应负担必要的生活费和教育费的一部分或全部，负担费用的多少和期限的长短，由双方协议；协议不成时，由人民法院判决。本案中，二人之女年岁尚小，日常生活中多由谭女士照顾，现林先生同意女儿由谭女士抚养，法院予以确认，林先生支付抚养费。

关于共同财产分割，婚姻期间购买的房屋，根据房屋现有价值、夫妻关系存续期间及偿还贷款金额等情况，且根据林先生工作地为京外、同时出于照顾女方及子女权益等角度出发，法院认定房屋归谭女士所有，谭女士支付林先生房屋折价款 30 余万元。存款 15 万元，应属夫妻共同财产，予以平均分割。

关于谭女士主张的经济补偿款，法院认为林先生在与谭女士婚姻存续期间，多半时间在完成个人学业进修，谭女士为抚育女儿、协助林先生工作及读书负担了较多义务，现谭女士主张经济补偿 10 万元，于法有据。

最终，法院判决，准予林先生与谭女士离婚；女儿由谭女士抚养，林先生每月负担子女抚养费至 18 岁；婚姻存续期间购买的房屋归谭女士所有，谭女士支付林先生房屋折价款 30 余万元；共同存款 15 万元由双方平均分割；林先生给付谭女士经济补偿款 10 万元。

林先生不服一审判决，提出上诉；二审法院认为一审法院认定事实清楚，适用法律正确，驳回上诉，维持原判。

《民法典》第1088条规定："夫妻一方因抚育子女、照料老年人、协助另一方工作等负担较多义务的，离婚时有权向另一方请求补偿，另一方应当给予补偿。具体办法由双方协议；协议不成的，由人民法院判决。"家务劳动所创造的价值是无形的。一方在婚姻期间获得的学历学位、职业发展前景、职业资格、专业职称等而产生的无形财产利益，一定程度上是家庭劳务付出较多一方提供良好的家庭服务及后盾所获得的。一方在抚育子女、照料老人、协助另一方工作中付出较多精力和时间，是对自身个人工作选择、收入能力、发展前景机会的放弃和牺牲。在离婚时，家务劳动付出较多的一方应当获得另一方给付的经济补偿。

本案中，林先生在婚姻期间，多半时间用于完成学业、提升自我，最终获得事业发展，是谭女士在照顾子女、家庭劳动中付出较多时间、精力，提供家庭生活保障而获得的。现双方离婚，林先生应该给付谭女士家务劳动经济补偿。经济补偿的数额，根据林先生因婚姻期间完成学业所获得的自我发展空间、收入水平等综合因素考虑，林女士主张的10万元家务劳动补偿，合理合法，法院予以支持。

全职主妇、主夫以及一方在婚姻期间进行学业、职业进修，可以推定出主张的一方在家务劳动中付出较多的精力和时间。因家庭内部的隐私性和特殊性，主张家务劳动付出较多的一方可能面临着举证难的问题，导致主张难以被支持。

50. 共同抚育继子女的一方是否有权要求经济补偿?①

闫某与马某（女）于2001年登记结婚，双方均系再婚，婚后未生育子女。闫某与前妻育有一子，随闫某、马某共同生活多年，由闫某、马某共同抚养成人。后双方产生矛盾，闫某多次起诉要求离婚未果。后闫某再次提起离婚诉讼，马某在诉讼中主张闫某向其支付离婚经济补偿。

---

① 参见《天津高院发布保护妇女合法权益典型案例》（2022年3月8日发布），闫某与马某离婚纠纷案，载天津法院网https://tjfy.tjcourt.gov.cn/article/detail/2022/03/id/6563114.shtml，最后访问日期：2023年2月27日。

法院认为，闫某与马某虽系自主婚姻，但婚后发生矛盾，以致长期分居、多次诉讼，符合法律规定应该准予离婚的情形。双方再婚后未生育子女，马某多年来与闫某共同抚育闫某与前妻之子，负担了较多义务，有权请求经济补偿。综上，人民法院判决准予双方离婚，并在依法分割夫妻共同财产的基础上，根据双方实际情况，酌定由闫某支付马某经济补偿款 5 万元。

本案是人民法院在离婚诉讼中肯定家务劳动价值，依法判决男方向女方支付离婚经济补偿的典型案例。《民法典》第 1088 条规定，夫妻一方因抚育子女、照料老年人、协助另一方工作等负担较多义务的，离婚时有权向另一方请求补偿，另一方应当给予补偿。本案中，马某与闫某再婚后未生育子女，马某多年来抚养闫某之子，助其成家立业，人民法院充分肯定马某为家庭的付出，支持其主张经济补偿的诉讼请求，让妇女在家庭中投入较多时间精力的“无形付出”转化为“有形财产”，依法保障了妇女在婚姻家庭关系中的合法权益。

51. 为照顾家庭付出较多家务劳动的一方在离婚时可否请求家务补偿？[①]

梁某乐、李某芳于 2017 年通过相亲认识，经自由恋爱后于同年 11 月登记结婚，并于 2018 年 10 月生育女儿小欣。双方婚后因生活琐事经常发生矛盾，李某芳于 2021 年 4 月带女儿回到母亲家中居住，双方开始分居。梁某乐认为夫妻双方感情已经破裂，诉至法院，请求判决双方离婚，女儿归梁某乐抚养。在审理过程中，李某芳表示同意离婚，请求法院判决女儿由其抚养，并提出因怀孕和照顾年幼的孩子，其婚后一直没有工作，要求梁某乐向其支付家务补偿款 2 万元。

法院生效判决认为，梁某乐和李某芳经自愿登记结婚并生育女儿，

① 参见《广东法院贯彻实施民法典典型案例（第一批）》（2021 年 11 月 25 日发布），支持离婚家务劳动补偿权——梁某乐与李某芳离婚纠纷案，载广东法院网 https：//www. gdcourts. gov. cn/index. php？ v = show&cid = 170&id = 56343，最后访问日期：2023 年 2 月 27 日。

有一定的夫妻感情，但在婚姻关系存续期间，未能相互包容、缺乏理性沟通，导致夫妻感情逐渐变淡。特别是发生争吵后，双方不能正确处理夫妻矛盾，导致分居至今，双方均同意离婚。经法院调解，双方感情确已破裂，没有和好的可能。依照《民法典》第 1088 条关于家务劳动补偿制度的规定，李某芳在结婚前与母亲一起经营餐饮店，婚后因怀孕和抚育子女负担较多家庭义务未再继续工作而无经济收入，梁某乐应当给予适当补偿。结合双方婚姻关系存续的时间、已分居的时间及梁某乐的收入情况等因素，酌定经济补偿金额。2021 年 4 月 9 日，判决准予双方离婚；女儿由李某芳直接抚养，梁某乐每月支付抚养费 1000 元，享有探视权；梁某乐一次性支付给李某芳家务补偿款 1 万元。

《民法典》打破了原《婚姻法》有关适用家务劳动补偿制度需满足夫妻分别财产制的前提条件，从立法上确认了家务劳动的独立价值，为照顾家庭付出较多家务劳动的一方在离婚时请求家务补偿扫除了法律障碍。本案对于保护家庭妇女合法权益、推动全社会性别平等、维护社会稳定均具重要积极意义。

第一千零八十九条　【离婚时夫妻共同债务的清偿】 离婚时，夫妻共同债务应当共同偿还。共同财产不足清偿或者财产归各自所有的，由双方协议清偿；协议不成的，由人民法院判决。

条文解读

根据本条规定，婚姻关系终结时，夫妻共同债务清偿应当遵循的原则是共同债务共同清偿。依法属于夫妻共同债务的，夫妻应当以共同财产共同偿还，这是一个基本原则。但是，如果夫妻共同财产不足致使不能清偿的，或者双方约定财产归各自所有没有共同财产清偿的，夫妻双方对共同债务如何偿还以及清偿比例等，可以由双方当事人协商确定，如果双方协商不能达成一致意见的，由人民法院考虑双方当事人的具体情况依法判决确定。需要注意的是，不论是双方当事人协商确定，还是人民法院判决确定的清偿方式、清偿比例等内容，仅在离婚的双方当事人之间有效，对债权人是没有法律效力的，债权人可以依照《民法典》第178条“二人以上依法承担连带责任的，权利人有权请求部分或者全部连带责任人承担责任”的规定来要求双方履行其债务。

关联参见

《民法典》第178条、第1064条

第一千零九十条　【离婚经济帮助】 离婚时，如果一方生活困难，有负担能力的另一方应当给予适当帮助。具体办法由双方协议；协议不成的，由人民法院判决。

实务应用

64. 法院在判决离婚一方对另一方给予经济帮助时应考虑哪些方面？

（1）生活困难的界定：一般认为若一方离婚后分得的财产不足以维持其合理的生活需要，或者不能通过从事适当的工作维持其生活需要等，均可认为是生活困难的体现；（2）给予帮助的方式。法院应考虑双方的收入和财产、双方就业能力、子女抚养、婚姻期间的生活水平等因素，合理确定扶助的数额和方式；（3）需要说明一点，婚姻关系中的过错不应在考虑之列。意味着有过错的一方若存在生活困难的情形，也可要求无过错方给予适当经济帮助。

关联参见

《民法典》第1088条

第一千零九十一条　【离婚损害赔偿】 有下列情形之一，导致离婚的，无过错方有权请求损害赔偿：

（一）重婚；

（二）与他人同居；

（三）实施家庭暴力；

（四）虐待、遗弃家庭成员；

（五）有其他重大过错。

条文解读

离婚损害赔偿 ➲ 包括物质损害赔偿和精神损害赔偿。涉及精神损害赔偿的，适用《最高人民法院关于确定民事侵权精神损害赔偿责任若干问题的解释》的有关规定。

离婚损害赔偿请求的主体与限制 ➲ 承担本条规定的损害赔偿责任的主体，为离婚诉讼当事人中无过错方的配偶。

人民法院判决不准离婚的案件，对于当事人基于本条提出的损害赔偿请求，不予支持。

在婚姻关系存续期间，当事人不起诉离婚而单独依据本条提起损害赔偿请求的，人民法院不予受理。

离婚损害赔偿诉讼提起时间 ➲ 人民法院受理离婚案件时，应当将本条规定中当事人的有关权利义务，书面告知当事人。在适用本条时，应当区分以下不同情况：

（1）符合本条规定的无过错方作为原告基于该条规定向人民法院提起损害赔偿请求的，必须在离婚诉讼的同时提出。

（2）符合本条规定的无过错方作为被告的离婚诉讼案件，如果被告不同意离婚也不基于该条规定提起损害赔偿请求的，可以就此单独提起诉讼。

（3）无过错方作为被告的离婚诉讼案件，一审时被告未基于本条规定提出损害赔偿请求，二审期间提出的，人民法院应当进行调解；调解不成的，告知当事人另行起诉。双方当事人同意由第二审人民法院一并审理的，第二审人民法院可以一并裁判。

登记离婚后损害赔偿诉请的提起 ➲ 当事人在婚姻登记机关办理离

婚登记手续后，以本条规定为由向人民法院提出损害赔偿请求的，人民法院应当受理。但当事人在协议离婚时已经明确表示放弃该项请求的，人民法院不予支持。

离婚赔偿请求权的认定 ➔ 夫妻双方均有《民法典》第1091条规定的过错情形，一方或者双方向对方提出离婚损害赔偿请求的，人民法院不予支持。

实务应用

65. 法院能依职权判决离婚损害赔偿吗？

《民法典》第1091条虽然规定了离婚损害赔偿制度，但并不是说法院在审理离婚案件时必须审理及判决过错方对无过错方予以赔偿。在离婚案件中无过错方对确实有过错的另一方是否行使赔偿请求权，由受损害的无过错方自行决定，法院不能主动判决离婚损害赔偿。

案例指引

52. 离婚后发现前夫婚内出轨，“追偿”精神赔偿能否得到支持？①

李某与杨某原系夫妻关系，双方于2019年5月7日协议离婚，并办理了离婚登记手续。离婚后不久，杨某意外发现李某在婚内与他人同居生活，并在离婚不到两个月时间生育一子。杨某认为李某的行为违背了婚姻忠诚义务，依法提起诉讼要求李某进行赔偿，支付其精神损害抚慰金4万元。

夫妻双方在婚姻关系存续期间，应履行夫妻间忠诚义务。李某在婚内与他人同居生活，并在离婚不到两个月时间生育了小孩，李某的行为违反了夫妻间忠诚义务，且杨某在同意协议离婚时对此并不知情，故对

---

① 参见游雅：《离婚后发现前夫婚内出轨，“追偿”精神赔偿能否支持?》，载江西法院网 http：//jxgy. jxfy. gov. cn/article/detail/2022/01/id/6472003. shtml，最后访问日期：2023年2月27日。

杨某离婚后要求精神赔偿应予支持。

夫妻间的忠诚义务，不仅是道德义务，更是法定义务。本案中，李某在婚内与他人同居生活，并生育小孩的行为，违反了夫妻间的忠诚义务，破坏了夫妻关系，也伤害了杨某的个人感情，给其造成了精神压力和痛苦，即便双方在起诉前已经协议离婚，但是杨某在协议离婚时并不知情，且李某属于有意隐瞒，杨某作为无过错方，有权主张精神损害赔偿。

关联参见

《妇女权益保障法》第 48 条；《民法典婚姻家庭编解释（一）》第 86—90 条；《最高人民法院关于确定民事侵权精神损害赔偿责任若干问题的解释》

第一千零九十二条　【一方侵害夫妻财产的处理规则】 夫妻一方隐藏、转移、变卖、毁损、挥霍夫妻共同财产，或者伪造夫妻共同债务企图侵占另一方财产的，在离婚分割夫妻共同财产时，对该方可以少分或者不分。离婚后，另一方发现有上述行为的，可以向人民法院提起诉讼，请求再次分割夫妻共同财产。

条文解读

再次分割夫妻共同财产 夫妻双方协议离婚后就财产分割问题反悔，请求撤销财产分割协议的，人民法院应当受理。人民法院审理后，未发现订立财产分割协议时存在欺诈、胁迫等情形的，应当依法驳回当事人的诉讼请求。

当事人依据本条的规定向人民法院提起诉讼，请求再次分割夫妻共同财产的诉讼时效期间为 3 年，从当事人发现之日起计算。

离婚案件中的财产保全措施 夫妻一方申请对配偶的个人财产或者夫妻共同财产采取保全措施的，人民法院可以在采取保全措施可能造成损失的范围内，根据实际情况，确定合理的财产担保数额。

53. 夫妻共同财产处置权是否为无限度的呢?[①]

王先生与张女士结婚十年，二人共同经营一家水果店，生活虽然辛苦，但家中也有了一定的存款，其中有 60 万元存于张女士的银行账户中，二人约定该笔款项用于孩子的学业支出。近半年时间，王先生发现张女士沉迷上了美容，不仅经常去美容院，还频繁购置高端护肤品，而最近也不再满足于推拿、敷脸等美容项目，开始做起整容来。王先生对其多次劝阻，均不起效。

王先生发现张女士将 60 万元存款挥霍一空，侵害了自己的财产权益，故诉至法院，要求与张女士离婚，并要求分割上述夫妻共同存款 60 万元。

王先生表示，美容、整容属于大额支出，应征得家庭其他成员同意，但张女士在自己不知情的情况下，私自处分家庭财产，应属其个人行为。

面对王先生的起诉，张女士坦然同意离婚，她认为婚姻破裂是由于双方存在严重的消费分歧，所争议的 60 万元存款亦是自己劳动所得，花钱做美容属于正常生活开销，自己有权处分。

法院调取了张女士的涉案银行账户交易流水，发现其在一周的时间内，累计有近 60 万元的账户支出记录。根据张女士提交的证据，该 60 万元中确有 10 万元用以家庭水果店装修，属合理处置共同财产；经翻阅张女士的银行流水及与张女士、王先生多次核对，法院最终确认张女士累计高消费的金额为 40 万元。

法院经审理认为，涉案 60 万元存款属夫妻二人经营所得，为夫妻共同财产。夫妻双方对共同财产有平等的处理权，但夫妻一方在行使处

---

① 参见刘丽霞：《妻子沉迷美容挥霍家产丈夫不满起诉离婚》，载北京法院网 https://bjgy.bjcourt.gov.cn/article/detail/2022/04/id/6655704.shtml，最后访问日期：2023 年 2 月 27 日。

理权时应秉承节制、理性及审慎的原则，合理、规范使用，切不可挥霍浪费，不能损害配偶方的财产权益。张女士行使合理处置权的部分，法院予以保护，过度高消费的部分，因未征得配偶方的同意，非以家庭日常开销为目的，且有挥霍性质，属侵害配偶方财产权益。因 40 万元的分割客体已经灭失，综合考虑案件具体情况，最终法院判定张女士给付王先生存款补偿款 20 万元。

关联参见

《民法典》第 1062 条、第 1063 条、第 1065 条、第 1089 条；《民法典婚姻家庭编解释（一）》第 70 条、第 83—84 条

第五章　收　养

第一节　收养关系的成立

第一千零九十三条　【被收养人的条件】下列未成年人，可以被收养：

（一）丧失父母的孤儿；

（二）查找不到生父母的未成年人；

（三）生父母有特殊困难无力抚养的子女。

条文解读

丧失父母的孤儿 此处的“丧失”应指被收养人的父母已经死亡或者被宣告死亡。“父母”不仅包括生父母，还包括养父母以及有扶养关系的继父母。该项不包括父母被宣告失踪的情形。如果父母因查找不到而被宣告失踪，可以考虑适用本条第 2 项的规定，从而作为“查找不到生父母的未成年人”适用收养。

查找不到生父母的未成年人 “查找不到”是指通过各种方式均无法找到。虽然未对“查找不到”附加时间上的限制，但从维护收养关

系稳定的角度，在操作方面应当有一个合理期间的限制，个人或者有关机关经过一定期间仍查找不到生父母的未成年人，可以作为被收养人。此外，需要强调的是，对于暂时脱离生父母，但嗣后又被找回的未成年人，不属于此处的“查找不到”，不应当成为被收养的对象。

生父母有特殊困难无力抚养的子女 ➲ 与前两项相比，该项当中可作为被收养人的主体是由于生父母自身不具备抚养子女的能力，从而产生被收养的需要。“有特殊困难”属于一个包容性较强的表述，既包括生父母因经济困难无力抚养，也包括生父母因身体或者精神原因自身不具备抚养能力等。

第一千零九十四条　【送养人的条件】 下列个人、组织可以作送养人：

（一）孤儿的监护人；

（二）儿童福利机构；

（三）有特殊困难无力抚养子女的生父母。

条文解读

孤儿的监护人 ➲ 父母死亡或人民法院宣告其父母死亡的不满 14 周岁的未成年人。

父母是未成年子女的监护人。

未成年人的父母已经死亡或者没有监护能力的，由下列有监护能力的人按顺序担任监护人：（1）祖父母、外祖父母；（2）兄、姐；（3）其他愿意担任监护人的个人或者组织，但是须经未成年人住所地的居民委员会、村民委员会或者民政部门同意。

送养孤儿的条件 ➲ 送养孤儿的须提交有关部门出具的孤儿父母死亡证明书（正常死亡证明书由医疗卫生单位出具，非正常死亡证明书由县以上公安部门出具）或人民法院宣告死亡的判决书。

儿童福利机构 ➲ 是指国家设立的对于孤儿、弃儿等进行监管看护的机构。从实践情况看，我国的儿童福利机构主要是指各地民政部门主管的收容、养育孤儿和查找不到生父母的未成年人的社会福利院。

《民法典》第32条规定，没有依法具有监护资格的人的，监护人由民政部门担任，也可以由具备履行监护职责条件的被监护人住所地的居民委员会、村民委员会担任。根据这一规定，民政部门对于需要监护但又没有具备相应监护资格的人的，需要承担兜底的监护责任，而在工作层面具体实施这种监护职责的实际是其主管的儿童福利机构。

有特殊困难无力抚养子女的生父母 (1) 能够以存在特殊困难无力抚养为由送养子女的只能是生父母，不包括养父母、继父母。(2) 生父母必须存在特殊困难才能送养子女。这里的“特殊困难”是一个包容性较强的概念，既包括经济方面的困难，如生父母均不再具备抚养子女的经济能力，也包括身体、精神方面的原因，如因患重大疾病无法继续抚养子女。无论是何种特殊困难，必须在客观上能够导致生父母丧失对被抚养人的抚养能力。(3) 生父母在因特殊困难无力抚养子女而决定送养时，必须由生父与生母双方共同决定，除非生父母一方不明或者查找不到，才可以单方送养。(4) 如果生父母一方死亡，另一方送养时，死亡一方的父母有优先抚养的权利。

实务应用

66. 送养人应当向收养登记机关提交哪些证明材料？

(1) 送养人的居民户口簿和居民身份证（组织作监护人的，提交其负责人的身份证件）；

(2) 收养法规定送养时应当征得其他有抚养义务的人同意的，并提交其他有抚养义务的人同意送养的书面意见。

社会福利机构为送养人的，并应当提交弃婴、儿童进入社会福利机构的原始记录，公安机关出具的捡拾弃婴、儿童报案的证明，或者孤儿的生父母死亡或者宣告死亡的证明。

监护人为送养人的，并应当提交实际承担监护责任的证明，孤儿的父母死亡或者宣告死亡的证明，或者被收养人生父母无完全民事行为能力并对被收养人有严重危害的证明。

生父母为送养人的，并应当提交与当地计划生育部门签订的不违反计划生育规定的协议；有特殊困难无力抚养子女的，还应当提交送养人有特殊困难的声明。其中，因丧偶或者一方下落不明由单方送养的，还应当提交配偶死亡或者下落不明的证明。对送养人有特殊困难的声明，登记机关可以进行调查核实；子女由三代以内同辈旁系血亲收养的，还应当提交公安机关出具的或者经过公证的与收养人有亲属关系的证明。

被收养人是残疾儿童的，并应当提交县级以上医疗机构出具的该儿童的残疾证明。

关联参见

《民法典》第 27 条、第 32 条、第 1096 条、第 1097 条、第 1108 条；《中国公民收养子女登记办法》第 6 条

第一千零九十五条　【监护人送养未成年人的情形】 未成年人的父母均不具备完全民事行为能力且可能严重危害该未成年人的，该未成年人的监护人可以将其送养。

实务应用

67. 监护人送养未成年人的条件有哪些？

在父母尚存的情况下，对于监护人送养未成年人的条件要求是非常严格的。

首先，要求未成年人的父母双方均不具备完全民事行为能力。根据本法总则编对民事行为能力的分类，自然人可以分为完全民事行为能力人、限制行为能力人以及无行为能力人。如果未成年人的父母任何一方属于完全民事行为能力人，一般情况下意味着其具有抚养、教育未成年

人的能力，在这种情况下，监护人不得将未成年人送养；只有未成年人的父母双方均不具备完全民事行为能力，即双方均为限制行为能力或者无行为能力人时，监护人才有可能被允许送养。

其次，未成年人的父母必须存在可能严重危害该未成年人的情形时，监护人才可将未成年人送养。所谓可能严重危害该未成年人，主要是指其父母存在危害该未成年人的现实危险，且达到严重程度的情形。

最后，此种情况下的送养主体，只能是该未成年人的监护人。根据本法第 1094 条的规定，可以担任送养人的主体原则上只包括三类，即孤儿的监护人、儿童福利机构以及有特殊困难无力抚养子女的生父母。而在未成年人的父母均不具备完全民事行为能力且可能严重危害该未成年人时，上述三类主体均无法成为适格的送养主体。此时，根据本条规定，能够成为送养主体的，是该未成年人的监护人。监护人作为实际承担监护职责的人，对该未成年人的情况最为熟悉，由其担任送养人与收养人成立收养法律关系，较为合适。

关联参见

《民法典》第 1094 条

第一千零九十六条　【监护人送养孤儿的限制及变更监护人】

监护人送养孤儿的，应当征得有抚养义务的人同意。有抚养义务的人不同意送养、监护人不愿意继续履行监护职责的，应当依照本法第一编的规定另行确定监护人。

条文解读

有抚养义务的人 ➜ 指孤儿的有负担能力的祖父母、外祖父母、兄、姐。

有负担能力的祖父母、外祖父母，对于父母已经死亡或者父母无力抚养的未成年孙子女、外孙子女，有抚养的义务。有负担能力的兄、姐，对于父母已经死亡或者父母无力抚养的未成年弟、妹，有扶养的义务。

实务应用

68. 有抚养义务的人不同意送养、监护人不愿意继续履行监护职责的，如何变更监护人？

《民法典》第 27 条第 2 款规定了未成年人的父母已经死亡或者没有监护能力的，可以担任监护人的主体具体包括：（1）祖父母、外祖父母；（2）兄、姐；（3）其他愿意担任监护人的个人或者组织，但是须经未成年人住所地的居民委员会、村民委员会或者民政部门同意。

如果这些主体因监护人的确定产生争议，《民法典》第 31 条规定，由被监护人住所地的居民委员会、村民委员会或者民政部门指定监护人，有关当事人对指定不服的，可以向人民法院申请指定监护人；有关当事人也可以直接向人民法院申请指定监护人。当然，在指定监护人的过程中，居民委员会、村民委员会、民政部门或者人民法院应当尊重被监护人的真实意愿，按照最有利于被监护人的原则在依法具有监护资格的人中指定监护人。

需要特别指出的是，《民法典》第 32 条规定，没有依法具有监护资格的人的，监护人由民政部门担任，也可以由具备履行监护职责条件的被监护人住所地的居民委员会、村民委员会担任。

关联参见

《民法典》第 26—33 条、第 1074—1075 条、第 1094 条

第一千零九十七条　【生父母送养子女的原则要求与例外】

生父母送养子女，应当双方共同送养。生父母一方不明或者查找不到的，可以单方送养。

实务应用

69. 生父母送养子女，必须由生父母双方共同表示送养的意思吗？

生父母送养子女应当双方共同送养，这是原则要求。基于父母双方对于抚养子女的平等地位，送养应当双方共同进行。在实践操作层面，可以双方共同表示送养的意思，也可以由一方表达出送养意愿，另一方表示同意。在后一种情况下，这种同意的表示应是明确的、具体的。

70. 生父母单方送养子女须满足什么条件？

生父母送养子女应当双方共同送养是原则要求。生父母送养子女可以单方送养，但这是例外规定，应当严格限于法律规定的两种情形，即生父母一方不明或者查找不到。所谓“生父母一方不明”，是指不能确认被送养人的生父或者生母为谁的情况。所谓“查找不到”，是指经过一定期间，无法查找到生父或者生母的情况。

关联参见

《民法典》第1094条

第一千零九十八条　【收养人条件】收养人应当同时具备下列条件：

（一）无子女或者只有一名子女；

（二）有抚养、教育和保护被收养人的能力；

（三）未患有在医学上认为不应当收养子女的疾病；

（四）无不利于被收养人健康成长的违法犯罪记录；

（五）年满三十周岁。

条文解读

无子女或者只有一名子女 ➔ 此处的“无子女”包括多种情况，主要是指夫妻双方或者一方因不愿生育或不能生育而无子女，或者因所生子女死亡而失去子女，或者指收养人因无配偶而没有子女的情况，即收养人没有亲生子女，同时也没有养子女及形成抚养教育关系的继子女。需要强调的是，这里的“无子女”不能简单地理解为没有生育能力，如果此前生育过子女，但子女因故死亡，也属于“无子女”。

有抚养、教育和保护被收养人的能力 ➲ 此处的“抚养、教育和保护被收养人的能力”，主要是指收养人应当具有完全民事行为能力，在身体、智力、经济、道德品行以及教育子女等各个方面均有能力实现对未成年子女的抚养、教育和保护，能够履行父母对子女应尽的义务。收养人是否具备抚养、教育和保护被收养人能力，并不是单纯的主观判断问题，需要结合收养人家庭的具体状况、收入水平、心理健康程度等进行严格审查。

未患有在医学上认为不应当收养子女的疾病 ➲ 在适用“未患有在医学上认为不应当收养子女的疾病”这一规定处理具体问题时，要特别注意须有充分的科学依据，必要时通过专门的医学鉴定加以确定，切不可随意适用该项条件拒绝特定主体的收养要求。一般而言，患有一些精神类疾病和传染性疾病可以被认为不适宜收养，如精神分裂症、躁狂抑郁型精神病、艾滋病、淋病、梅毒等。在判定某种疾病是否属于不应当收养子女的疾病时，除考虑疾病本身的严重性之外，重点还要考虑此种疾病对于收养关系的影响，对于被收养人可能存在的影响等，综合以上因素，谨慎认定。

无不利于被收养人健康成长的违法犯罪记录 ➲ 收养人从事过与未成年人健康成长有关的违法犯罪的，才会因该违法犯罪记录而被限制收养。比如，收养人曾有过对未成年人的强奸、猥亵犯罪的。假如收养人的违法犯罪与未成年人无关，则不受该项条件的限制。

为了加强收养登记管理，规范收养评估工作，根据《民法典》，为保障被收养人的合法权益，民政部制定《收养评估办法（试行）》。

收养评估，是指民政部门对收养申请人是否具备抚养、教育和保护被收养人的能力进行调查、评估，并出具评估报告的专业服务行为。收养评估应当遵循最有利于被收养人的原则，独立、客观、公正地对收养申请人进行评估，依法保护个人信息和隐私。

民政部门进行收养评估，可以自行组织，也可以委托第三方机构开展。委托第三方机构开展收养评估的，民政部门应当与受委托的第三方机构签订委托协议。民政部门自行组织开展收养评估的，应当组建收养评估小组。收养评估小组应有2名以上熟悉收养相关法律法规和政策的在编人员。受委托的第三方机构应当同时具备下列条件：(1) 具有法人资格；(2) 组织机构健全，内部管理规范；(3) 业务范围包含社会调查或者评估，或者具备评估相关经验；(4) 有5名以上具有社会工作、医学、心理学等专业背景或者从事相关工作2年以上的专职工作人员；(5) 开展评估工作所需的其他条件。

收养评估内容包括收养申请人以下情况：收养动机、道德品行、受教育程度、健康状况、经济及住房条件、婚姻家庭关系、共同生活家庭成员意见、抚育计划、邻里关系、社区环境、与被收养人融合情况等。

收养评估流程包括书面告知、评估准备、实施评估、出具评估报告。

(1) 书面告知。民政部门收到收养登记申请有关材料后，经初步审查收养申请人、送养人、被收养人符合《民法典》《中国公民收养子女登记办法》要求的，应当书面告知收养申请人将对其进行收养评估。委托第三方机构开展评估的，民政部门应当同时书面告知受委托的第三方机构。

(2) 评估准备。收养申请人确认同意进行收养评估的，第三方机构应当选派2名以上具有社会工作、医学、心理学等专业背景或者从事相关工作2年以上的专职工作人员开展评估活动。民政部门自行组织收养评估的，由收养评估小组开展评估活动。

(3) 实施评估。评估人员根据评估需要，可以采取面谈、查阅资料、实地走访等多种方式进行评估，全面了解收养申请人的情况。

(4) 出具评估报告。收养评估小组和受委托的第三方机构应当根据评估情况制作书面收养评估报告。收养评估报告包括正文和附件两部分：正文部分包括评估工作的基本情况、评估内容分析、评估结论等；附件部分包括记载评估过程的文字、语音、照片、影像等资料。委托第三方机构评估的，收养评估报告应当由参与评估人员签名，并加盖机构公章。民政部门自行组织评估的，收养评估报告应当由收养评估小组成员共同签名。

实务应用

71. 收养人应当向收养登记机关提交哪些证明材料？

收养人应当向收养登记机关提交收养申请书和下列证件、证明材料：

（1）收养人的居民户口簿和居民身份证；

（2）由收养人所在单位或者村民委员会、居民委员会出具的本人婚姻状况和抚养教育被收养人的能力等情况的证明，以及收养人出具的子女情况声明；

（3）县级以上医疗机构出具的未患有在医学上认为不应当收养子女的疾病的身体健康检查证明。

收养查找不到生父母的弃婴、儿童的，并应当提交收养人经常居住地计划生育部门出具的收养人生育情况证明；其中收养非社会福利机构抚养的查找不到生父母的弃婴、儿童的，收养人还应当提交下列证明材料：

（1）收养人经常居住地计划生育部门出具的收养人无子女的证明；

（2）公安机关出具的捡拾弃婴、儿童报案的证明。

收养继子女的，可以只提交居民户口簿、居民身份证和收养人与被收养人生父或者生母结婚的证明。

对收养人出具的子女情况声明，登记机关可以进行调查核实。

关联参见

《人口与计划生育法》第18条；《中国公民收养子女登记办法》第5条；《收养评估办法（试行）》

第一千零九十九条 【三代以内旁系同辈血亲的收养】 收养三代以内旁系同辈血亲的子女，可以不受本法第一千零九十三条第三项、第一千零九十四条第三项和第一千一百零二条规定的限制。

华侨收养三代以内旁系同辈血亲的子女，还可以不受本法第一千零九十八条第一项规定的限制。

条文解读

收养三代以内旁系同辈血亲的子女 如果收养三代以内旁系同辈血亲的子女，可以在收养基本条件的基础上，不受以下几项条件的限制：

一是，被收养人生父母有特殊困难无力抚养子女。根据《民法典》第 1093 条的规定，除丧失父母的孤儿以及查找不到生父母的未成年人外，只有生父母有特殊困难无力抚养未成年子女时，该子女才能被纳入被收养人的范围。而根据本条规定，收养人如果收养的是三代以内旁系同辈血亲的子女，可以不受这一限制，即便该子女的父母并未因特殊困难丧失抚养能力，该子女仍可以成为被收养的对象。

二是，有特殊困难无力抚养子女的生父母。根据《民法典》第 1094 条的规定，除孤儿的监护人、儿童福利机构外，未成年人的生父母只有在有特殊困难无力抚养子女时，才能成为送养人。而根据本条规定，收养三代以内旁系同辈血亲的子女，即使未成年人的生父母并未因特殊困难而丧失抚养能力，其仍可以成为适格的送养人，因此成立的收养关系仍然有效。

三是，无配偶者收养异性子女的，收养人与被收养人的年龄应当相差 40 周岁以上。根据《民法典》第 1102 条的规定，无配偶者收养异性子女的，需要受到收养人与被收养人 40 周岁年龄差的限制。而根据本条规定，收养三代以内旁系同辈血亲的子女，即使收养人与被收养人的年龄相差不到 40 周岁，依然可以成立有效的收养关系。

华侨收养三代以内旁系同辈血亲的子女 一是，华侨收养三代以内旁系同辈血亲的子女，首先与一般主体收养三代以内旁系同辈血亲的子女的要求一致，即被收养人可以不受生父母有特殊困难无力抚养的子女限制、送养人可以不受有特殊困难无力抚养子女的限制以及无配偶者收养异性子女须与被收养人存在40周岁年龄差的限制。

二是，在上述基础上，对于华侨收养，本法进一步放宽限制，还可以不受收养人须无子女或者只有一名子女的限制。也就是说，对于已拥有2名以上子女的华侨而言，其还可以通过收养这一方式形成与三代以内旁系同辈血亲的子女之间的亲子关系。

关联参见

《民法典》第1093条、第1094条、第1098条、第1102条、第1103条

第一千一百条　【收养人收养子女数量】 无子女的收养人可以收养两名子女；有子女的收养人只能收养一名子女。

收养孤儿、残疾未成年人或者儿童福利机构抚养的查找不到生父母的未成年人，可以不受前款和本法第一千零九十八条第一项规定的限制。

实务应用

72. 收养孤儿可以不受哪些规定的限制？

（1）不受《民法典》第1100条第1款的限制，即“无子女的收养人可以收养两名子女；有子女的收养人只能收养一名子女”，也就是说如果收养人收养的是孤儿、残疾未成年人或者儿童福利机构抚养的查找不到生父母的未成年人的，无子女的收养人可以收养两名以上，有一名子女的收养人可以收养一名以上。

（2）不受《民法典》第1098条第1项规定的限制，即可以不受收养人无子女或者只有一名子女的限制。也就是说，如果收养人意图收养

的对象是孤儿、残疾未成年人或者儿童福利机构抚养的查找不到生父母的未成年人，即使收养人自己有子女或者子女数量超过 1 名，依然可以进行有效的收养行为。

关联参见

《民法典》第 1098—1099 条、第 1103 条

第一千一百零一条　【共同收养】 有配偶者收养子女，应当夫妻共同收养。

条文解读

共同收养 ➜ 既可以是夫妻双方共同为收养的意思表示，也可以是一方有收养子女的意思表示，另一方对此表示明确同意。

第一千一百零二条　【无配偶者收养异性子女的限制】 无配偶者收养异性子女的，收养人与被收养人的年龄应当相差四十周岁以上。

实务应用

73. 收养人为无配偶女性、被收养人为未成年男性的，可以不受 40 岁年龄差的限制吗？

在无配偶者收养子女的情况下，收养人与被收养人须有 40 周岁以上年龄差的限制已经不仅限于收养人为男性、被收养人为女性的情况。在收养人为无配偶女性、被收养人为未成年男性的情况下，同样应当受到收养人与被收养人须年龄相差 40 周岁以上的限制。

关联参见

《民法典》第 1101 条

第一千一百零三条 【收养继子女的特别规定】 继父或者继母经继子女的生父母同意，可以收养继子女，并可以不受本法第一千零九十三条第三项、第一千零九十四条第三项、第一千零九十八条和第一千一百条第一款规定的限制。

实务应用

74. 继父或者继母收养继子女的，应当满足哪些条件?

根据本条规定，继父或者继母收养继子女的，应当满足以下条件：

一是，必须经过子女的生父母同意。继父或者继母收养继子女的，一般而言，与继子女共同生活的生母或者生父会表示同意。因为无论最终收养是否成立，继子女与其共同生活的生母或者生父之间的父母子女关系是始终存在的。在这种情况下，与子女共同生活的生母或者生父如果同意其再婚配偶收养自己的子女，有利于在法律上尽快确定子女与其配偶之间的养父母子女关系，从而进一步稳定再婚后的家庭关系，使子女得到家庭关爱。相对而言，未与继子女共同生活的生父或者生母对于收养的意见更为重要，因为一旦继父或者继母与继子女之间的收养关系成立，就同时意味着子女与未共同生活的生父或者生母之间的父母子女关系消除，双方尽管在血缘上仍是亲子，但在法律上的父母子女关系将不复存在。因此，收养关系若要成立，必须首先得到生父母的同意。

二是，鉴于继父母收养继子女能够使亲子关系更为清晰，因此立法对于这种情况下的收养，同其他类型的特殊收养一样，在许多方面放宽了收养条件的限制。包括：（1）可以不受《民法典》第1093条第3项的限制。即继父或者继母收养继子女的，继子女不必属于生父母有特殊困难无力抚养的子女。根据被收养人范围的一般要求，只有丧失父母的孤儿、查找不到生父母的未成年人以及生父母有特殊困难无力抚养的子女可以被收养，但在继父母收养继子女的情况下，继子女不必属于生父母有特殊困难无力抚养的子女。这相当于放宽了对于生父母经济或身体条件方面的要求，无论是否存在特殊困难，只要其主观上同意送养，都可以成立有效的收养关系。(2) 可以不受《民法典》第 1094 条第 3 项的限制。即生父母作为送养人时不必属于有特殊困难无力抚养子女的情形。同第 1 项放宽条件相似，本项限制的放宽是从送养人角度作出的规定。一般而言，担任送养人的主体包括三类，即孤儿的监护人、儿童福利机构以及有特殊困难无力抚养子女的生父母。在继父母收养继子女的情况下，生父母作为送养人，即使不属于有特殊困难无力抚养的情形，根据本项规定，依然可以送养子女，成立其与继父或者继母之间的收养关系。(3) 可以不受《民法典》第 1098 条规定的限制。第 1098 条是对收养人应当具备的条件的规定，包括子女数量、抚养能力、疾病情况、违法犯罪记录以及年龄等多个方面。在继父母收养继子女的情况下，可以不受这些条件的限制。客观而言，这一项条件的放宽是非常重大的，但考虑到继父母收养继子女后，毕竟尚有生父或者生母一方与其共同生活，同时亦有未共同生活一方生母或者生父的同意，因此这种条件的放宽，我们认为是可以接受的，也有助于鼓励更多的继父母与继子女间形成收养关系，尽快稳定家庭关系。(4) 可以不受《民法典》第 1100 条第 1 款规定的限制。第 1100 条第 1 款是对收养人收养子女数量的规定，即无子女的收养人可以收养 2 名子女，有 1 名子女的收养人只能收养 1 名子女。在继父母收养继子女的情况下，可以不受这种数量的限制。放宽收养子女数量的限制，有助于所有与生父或生母共同生活的子女同时被继母或者继父收养，使得这些子女同在一个家庭成长，更有助于其身心健康。需要指出的是，尽管本条对于继父母收养继子女作出了多方面的放宽规定，但这并不意味着在收养关系形成后，继父或者继母对于继子女所应承担的义务和责任可以有所减轻。根据《民法典》第 1111 条的规定，自收养关系成立之日起，养父母与养子女间的权利义务关系，适用本法关于父母子女关系的规定。同时，养子女与生父母及其他近亲属间的权利义务关系，因收养关系的成立而消除。因此，一切父母子女间的权利义务，继父母自身份转变为养父母后，都应依法承担，不得推诿。

关联参见

《民法典》第 1084 条、第 1094 条、第 1098 条、第 1100 条、第 1111 条

第一千一百零四条 【收养自愿原则】 收养人收养与送养人送养，应当双方自愿。收养八周岁以上未成年人的，应当征得被收养人的同意。

关联参见

《民法典》第 19 条、第 1093 条、第 1094 条、第 1098 条

第一千一百零五条 【收养登记、收养协议、收养公证及收养评估】 收养应当向县级以上人民政府民政部门登记。收养关系自登记之日起成立。

收养查找不到生父母的未成年人的，办理登记的民政部门应当在登记前予以公告。

收养关系当事人愿意签订收养协议的，可以签订收养协议。

收养关系当事人各方或者一方要求办理收养公证的，应当办理收养公证。

县级以上人民政府民政部门应当依法进行收养评估。

条文解读

收养关系成立的时间 ➜ 收养登记机关收到收养登记申请书及有关材料后，应当自次日起 30 日内进行审查。对符合收养法规定条件的，为当事人办理收养登记，发给收养登记证，收养关系自登记之日起成立；对不符合收养法规定条件的，不予登记，并对当事人说明理由。

收养查找不到生父母的弃婴、儿童的，收养登记机关应当在登记前公告查找其生父母；自公告之日起满 60 日，弃婴、儿童的生父母或者

其他监护人未认领的，视为查找不到生父母的弃婴、儿童。公告期间不计算在登记办理期限内。

实务应用

75. 收养登记机关有哪些？

收养社会福利机构抚养的查找不到生父母的弃婴、儿童和孤儿的，在社会福利机构所在地的收养登记机关办理登记。

收养非社会福利机构抚养的查找不到生父母的弃婴和儿童的，在弃婴和儿童发现地的收养登记机关办理登记。

收养生父母有特殊困难无力抚养的子女或者由监护人监护的孤儿的，在被收养人生父母或者监护人常住户口所在地（组织作监护人的，在该组织所在地）的收养登记机关办理登记。

收养三代以内同辈旁系血亲的子女，以及继父或者继母收养继子女的，在被收养人生父或者生母常住户口所在地的收养登记机关办理登记。

关联参见

《民法典》第 1044 条、第 1098 条；《中国公民收养子女登记办法》第 3 条、第 7 条；《收养登记工作规范》

第一千一百零六条　【收养后的户口登记】收养关系成立后，公安机关应当按照国家有关规定为被收养人办理户口登记。

条文解读

为被收养人办理户口登记 ➜（1）为被收养人办理户口登记的前提是必须成立收养关系。根据《民法典》第 1105 条的规定，收养关系自登记之日起成立。

（2）办理登记的职能部门是公安机关。

(3) 根据被收养人的不同情况，需要办理的户口登记类型既包括原始的户口登记，也包括户口迁移。

实务应用

76. 公安机关为被收养人办理的只能是原始的户口登记吗?

根据被收养人的不同情况，需要办理的户口登记类型既包括原始的户口登记，也包括户口迁移。比如，在为孤儿、生父母有特殊困难无力抚养的子女办理户口手续时，因其户籍原来可能已落在其生父母或者其他监护人处，因此需要办理的是户口的迁移手续，而如果是为儿童福利机构抚养的查找不到生父母的未成年人办理户口手续，因本就无法查知其生父母原来的户籍所在地，此时需要为被收养人办理的就是原始的户籍登记手续。

关联参见

《民法典》第 1105 条；《中国公民收养子女登记办法》第 8 条

第一千一百零七条 【亲属、朋友的抚养】 孤儿或者生父母无力抚养的子女，可以由生父母的亲属、朋友抚养；抚养人与被抚养人的关系不适用本章规定。

条文解读

抚养 抚养是指无民事行为能力或者限制民事行为能力的未成年人的亲属或者其他主体对未成年人所承担的供养、保护和教育的责任。

引起抚养权变更的原因 (1) 与未成年子女共同生活并负有抚养义务的一方患有严重疾病或因伤残等丧失继续抚养未成年子女的条件。

(2) 与未成年子女共同生活的一方未尽到抚养义务或者在共同生活期间有虐待行为的发生，对未成年子女的身心健康产生了不利的影响。

（3）共同生活的未成年子女在满 8 周岁以后，要求并愿意与另一方生活的。

实务应用

77. 抚养与收养的适用范围有什么不同？

（1）抚养包括的范围较广。首先，父母对子女有抚养的义务。《民法典》第 26 条规定，父母对未成年子女负有抚养、教育和保护的义务；其次，祖父母、外祖父母在一定情形下对孙子女、外孙子女也负有抚养义务。《民法典》第 1074 条规定，有负担能力的祖父母、外祖父母对于父母已经死亡或者父母无力抚养的未成年孙子女、外孙子女有抚养的义务；最后，兄、姐与弟、妹在一定条件下也相互负有扶养的义务。《民法典》第 1075 条规定，有负担能力的兄、姐对于父母已经死亡或者父母无力抚养的未成年弟、妹有扶养的义务，由兄、姐扶养长大的有负担能力的弟、妹对于缺乏劳动能力又缺乏生活来源的兄、姐有扶养的义务。

（2）收养只能是在收养人与被收养人之间成立父母子女关系，且收养成立后，被收养人与其生父母及其近亲属之间的权利义务关系因收养的成立而消除。

78. 生父母的亲属无力抚养未成年人的，怎么办？

如果生父母的亲属、朋友在承担了对未成年人的抚养义务之后，因为各种原因出现了无力承担抚养教育未成年人的情形时，从保护未成年人利益的角度考虑，应当及时、再次变更抚养权人，以确保未成年人的利益不致受到损害。

关联参见

《民法典》第 26 条、第 1074 条、第 1075 条、第 1093 条

第一千一百零八条　【祖父母、外祖父母优先抚养权】配偶一方死亡，另一方送养未成年子女的，死亡一方的父母有优先抚养的权利。

实务应用

79. 父母、外祖父母放弃优先抚养权必须明示放弃吗？

优先抚养权产生于生存一方配偶送养未成年子女之时，即当生存一方配偶作出送养其未成年子女的意思表示之时，死亡一方配偶的父母的优先抚养权即产生。优先抚养权作为死亡一方配偶的父母享有的一项民事权利，其可以根据权利自由处分的原则对优先抚养权表示放弃。在放弃的具体方式上，可以分为“明示放弃”与“默示放弃”。前者是指优先抚养权人在送养人送养未成年子女时，明确地表示自己不抚养该子女；后者则是指优先抚养权人明知送养人要送养未成年子女，但其既不作出优先抚养的直接、明确的意思表示，也没有阻止他人收养该子女，据此可以推定优先抚养权人放弃了优先抚养权。

80. 什么情况下可以限制父母、外祖父母的优先抚养权？

优先抚养权并不绝对，在有的情况下，从有利于未成年人利益最大化的角度出发，可以考虑限制甚至剥夺优先抚养权人的优先抚养权。比如，优先抚养权人存在严重危害未成年人身心健康的现实危险、优先抚养权人不具备实际的抚养能力等。此外，如果未成年人属于 8 周岁以上的限制行为能力人，在确定抚养权人时还要充分听取未成年人的意愿。

81. 配偶一方死亡，死亡配偶的父母就当然具有优先抚养权吗？

优先抚养权的产生具有先决条件，即必须是在配偶一方死亡，另一方送养子女时，死亡一方配偶的父母才可主张。换言之，如果配偶一方死亡，另一方并无送养子女的意思表示，该方作为子女的生父或者生母，仍然是未成年子女的监护人和法定代理人，由其继续承担对子女的抚养、教育及保护义务，死亡一方配偶的父母无权主张优先抚养。

关联参见

《民法典》第 1094 条、第 1096 条、第 1097 条

第一千一百零九条 【涉外收养】外国人依法可以在中华人民共和国收养子女。

外国人在中华人民共和国收养子女，应当经其所在国主管机关依照该国法律审查同意。收养人应当提供由其所在国有权机构出具的有关其年龄、婚姻、职业、财产、健康、有无受过刑事处罚等状况的证明材料，并与送养人签订书面协议，亲自向省、自治区、直辖市人民政府民政部门登记。

前款规定的证明材料应当经收养人所在国外交机关或者外交机关授权的机构认证，并经中华人民共和国驻该国使领馆认证，但是国家另有规定的除外。

条文解读

外国人依法可以在中华人民共和国收养子女的实质要件 ➲ 外国人在我国收养子女的，必须符合这些实质性条件的要求。

1. 被收养人方面，丧失父母的孤儿、查找不到生父母的未成年人以及生父母有特殊困难无力抚养的子女这三类主体，均可以作为涉外收养的被收养人由外国人收养。

2. 送养人方面，根据《民法典》第 1094 条规定，孤儿的监护人、儿童福利机构以及有特殊困难无力抚养子女的生父母，均可以作为送养人送养未成年人。

3. 收养人条件方面，《民法典》第 1098 条规定了收养人应当同时具备的条件，包括无子女或者只有一名子女，有抚养、教育和保护被收养人的能力，未患有在医学上认为不应当收养子女的疾病，无不利于被收养人健康成长的违法犯罪记录，年满 30 周岁等。当然，在有的情形

下，个别条件允许适当放宽。

外国人依法可以在中华人民共和国收养子女的形式要件 ➲ 收养人应当提供由其所在国有权机构出具的有关其年龄、婚姻、职业、财产、健康、有无受过刑事处罚等状况的证明材料，并与送养人订立书面协议，亲自向省、自治区、直辖市人民政府民政部门登记。

实务应用

82. 外国人在我国收养子女，适用哪国法律？

外国人依法可以在中华人民共和国收养子女。这里的“依法”是指依照我国有关收养的法律法规进行收养行为。外国人在我国为收养行为，在法律适用方面采取的是属地主义，即必须依照中国有关收养的法律法规进行。

同时《民法典》第1109条第2款还规定，外国人在中华人民共和国收养子女，应当经其所在国主管机关依照该国法律审查同意。这说明，除了遵守我国的法律之外，外国人在中国收养子女的，还需要遵守所在国的法律规定。

关联参见

《涉外民事关系法律适用法》第28条；《外国人在中华人民共和国收养子女登记办法》第4条

第一千一百一十条　【保守收养秘密】 收养人、送养人要求保守收养秘密的，其他人应当尊重其意愿，不得泄露。

条文解读

秘密收养原则 ➲ 收养在收养人与被收养人之间成立的拟制的父母子女关系涉及送养人、收养人、被收养人等多方主体。既包括对被收养人被收养的事实应予保密，也包括对收养家庭、原生家庭的情况的保密。

第二节　收养的效力

第一千一百一十一条　【收养的效力】 自收养关系成立之日起，养父母与养子女间的权利义务关系，适用本法关于父母子女关系的规定；养子女与养父母的近亲属间的权利义务关系，适用本法关于子女与父母的近亲属关系的规定。

养子女与生父母以及其他近亲属间的权利义务关系，因收养关系的成立而消除。

第一千一百一十二条　【养子女的姓氏】 养子女可以随养父或者养母的姓氏，经当事人协商一致，也可以保留原姓氏。

条文解读

养子女可以随养父或者养母的姓氏 《民法典》第 1015 条规定，自然人应当随父姓或者母姓，但是有下列情形之一的，可以在父姓和母姓之外选取姓氏：（1）选取其他直系长辈血亲的姓氏；（2）因由法定扶养人以外的人扶养而选取扶养人姓氏；（3）有不违背公序良俗的其他正当理由。少数民族自然人的姓氏可以遵从本民族的文化传统和风俗习惯。

第一千一百一十三条　【收养行为的无效】 有本法第一编关于民事法律行为无效规定情形或者违反本编规定的收养行为无效。

无效的收养行为自始没有法律约束力。

条文解读

收养行为无效的情形 （1）有《民法典》总则编关于民事法律行为无效规定的情形。本法总则编第六章民事法律行为专设第三节规定了民事法律行为的效力。第 143 条首先从正面规定了民事法律行为有效应当具备的条件，包括行为人具有相应的民事行为能力、意思表示真实，以及不违反法律、行政法规的强制性规定，不违背公序良俗。在此基础上，如果不具备或者不完全具备这些条件的民事法律行为，其效力将受到影响，具体可导致无效、可撤销、效力待定等多种效力形态。其中，属于无效民事法律行为的情形包括：①无民事行为能力人实施的民事法律行为无效；②行为人与相对人以虚假的意思表示实施的民事法律行为无效；③违反法律、行政法规的强制性规定的民事法律行为无效，但是，该强制性规定不导致该民事法律行为无效的除外；④违背公序良俗的民事法律行为无效；⑤行为人与相对人恶意串通，损害他人合法权益的民事法律行为无效。从总则编的规定看，这些无效情形涵盖了行为人行为能力欠缺、意思表示不真实、违法性等各个方面，是总则编对于民事法律行为效力否定性评价的主要依据。收养作为具有人身性质的民事法律行为，自然应当受到总则编有关民事法律行为效力评价规定的约束。如果送养人与收养人之间的收养行为具有上述情形的，则行为应属无效。

（2）违反本编规定的收养行为无效。除具有《民法典》总则编无效情形的收养行为应属无效收养之外，如果收养行为违反了婚姻家庭编的规定，也应属于无效的收养行为。例如，收养行为违反了有关被收养人、送养人、收养人的条件，以及收养人数的限制、无配偶者收养异性子女的年龄限制等。又如，未依法向县级以上民政部门办理收养登记。再如，违反有关收养应当遵循最有利于被收养人的原则，保障被收养人和收养人的合法权益的规定，违反禁止借收养名义买卖未成年人的规定等，均为无效收养。

关联参见

《民法典》总则编第六章第三节、第155条、第1015条、第1106条

第三节　收养关系的解除

第一千一百一十四条　【收养关系的协议解除与诉讼解除】

收养人在被收养人成年以前，不得解除收养关系，但是收养人、送

养人双方协议解除的除外。养子女八周岁以上的，应当征得本人同意。

收养人不履行抚养义务，有虐待、遗弃等侵害未成年养子女合法权益行为的，送养人有权要求解除养父母与养子女间的收养关系。送养人、收养人不能达成解除收养关系协议的，可以向人民法院提起诉讼。

条文解读

协议解除收养关系 (1) 原则上，在被收养人成年以前，收养人不得单方解除收养关系。这一规定主要是出于对未成年人利益的保护，防止因收养人推卸责任而致使未成年人无人抚养的状况出现。

(2) 收养人与送养人经协商一致，可以解除收养关系。在收养人不得随意解除收养关系的原则要求之下，如果收养人与送养人能够协商一致，意味着对未成年人的抚养不会出现问题，从尊重双方当事人意思自治的角度出发，可以允许解除收养关系。

(3) 养子女 8 周岁以上的，应当征得其同意。在送养人、收养人就解除收养关系达成一致的前提下，如果养子女属于 8 周岁以上的限制行为能力人，则还需要征得养子女的同意才可解除收养关系。这是因为，收养关系的解除不能只考虑送养人、收养人的意愿。养子女 8 周岁以上的，能够基于被抚养经历及情感联系选择最有利于自己的成长环境，此时就需要征得其同意方可解除收养关系。

(4) 收养人、送养人协商解除收养关系只能通过协议解除的方式，不能通过诉讼方式解除。

诉讼解除收养关系 诉讼解除收养关系有严格规定：(1) 前提是被收养人尚未成年；(2) 适用的对象仅为送养人，不适用于收养人或者被收养人；(3) 适用情形有严格限制，即收养人不履行抚养义务，有虐待、遗弃等侵害未成年养子女合法权益的行为。如果收养人不存在这些行为，则送养人无权提起解除收养关系的诉讼。

第一千一百一十五条　【养父母与成年养子女解除收养关系】 养父母与成年养子女关系恶化、无法共同生活的，可以协议解除收养关系。不能达成协议的，可以向人民法院提起诉讼。

条文解读

养父母与成年养子女收养关系的解除 ➲（1）本条解决的是养父母与成年养子女关系恶化、无法共同生活时收养关系的解除，不包括养子女为未成年人时的情形。

（2）本条所规范的养父母与成年养子女之间收养关系的解除，既包括协议解除，也包括诉讼解除。当养父母与成年养子女双方关系恶化、无法共同生活时，可以由一方提出解除收养关系的意思表示，另一方如果同意，则双方就可以协议解除。如果一方提出解除，另一方不同意解除或者对解除收养关系的具体内容不认可，则可以通过向法院提起诉讼的方式解除收养关系。无论是养父母还是成年养子女，均享有诉权。

（3）养父母与成年养子女解除收养关系的原因是双方关系恶化、无法共同生活，至于引起关系恶化的具体原因在所不问。

关联参见

《民法典》第 1114 条、第 1118 条

第一千一百一十六条　【解除收养关系的登记】 当事人协议解除收养关系的，应当到民政部门办理解除收养关系登记。

条文解读

协议解除收养关系的登记手续 ➲ 收养关系当事人协议解除收养关系的，应当持居民户口簿、居民身份证、收养登记证和解除收养关系的书面协议，共同到被收养人常住户口所在地的收养登记机关办理解除收养关系登记。

收养登记机关收到解除收养关系登记申请书及有关材料后，应当自次日起30日内进行审查；对符合收养法规定的，为当事人办理解除收养关系的登记，收回收养登记证，发给解除收养关系证明。

实务应用

83. 可以通过协议解除收养关系的情形包括哪些？

（1）收养人与送养人协议解除收养关系。如果被收养人8周岁以上的，解除收养关系还须得到被收养人本人的同意。（2）收养人不履行抚养义务，有虐待、遗弃等侵害未成年养子女合法权益行为的，送养人有权要求解除养父母与养子女之间的收养关系。此种情况下，送养人与收养人也可以通过协议的方式解除收养关系。（3）养父母与成年养子女关系恶化、无法共同生活的，养父母与成年养子女可以通过协议的方式解除收养关系。因此，在上述三种情形下，如果双方达成了解除收养关系的协议，应当到民政部门办理解除收养关系登记。

关联参见

《民法典》第1105条、第1114—1115条；《中国公民收养子女登记办法》第9—10条

第一千一百一十七条　【收养关系解除的法律后果】 收养关系解除后，养子女与养父母以及其他近亲属间的权利义务关系即行消除，与生父母以及其他近亲属间的权利义务关系自行恢复。但是，成年养子女与生父母以及其他近亲属间的权利义务关系是否恢复，可以协商确定。

第一千一百一十八条　【收养关系解除后生活费、抚养费支付】 收养关系解除后，经养父母抚养的成年养子女，对缺乏劳动能力又缺乏生活来源的养父母，应当给付生活费。因养子女成年后虐

待、遗弃养父母而解除收养关系的，养父母可以要求养子女补偿收养期间支出的抚养费。

生父母要求解除收养关系的，养父母可以要求生父母适当补偿收养期间支出的抚养费；但是，因养父母虐待、遗弃养子女而解除收养关系的除外。

条文解读

成年养子女应对养父母给付生活费的条件 ➲（1）收养关系已经解除。既包括协议解除，也包括诉讼解除。

（2）养父母须实际抚养过养子女。如果收养关系成立后，养父母并未对养子女尽抚养义务，则其无权在养子女成年后要求支付生活费。

（3）养父母具有缺乏劳动能力又缺乏生活来源的情形。由于收养关系解除后，养父母与养子女间已经不再具有父母子女关系，此时，要求成年养子女向养父母给付生活费，更多的是基于养父母之前的抚养事实。因此，这一情形应该加以限制，即只有在养父母既缺乏劳动能力又缺乏生活来源时，成年养子女才有给付生活费的义务。

养父母可以要求养子女补偿抚养费的条件 ➲ 根据《民法典》第1115条规定，养父母与成年养子女关系恶化、无法共同生活的，既可以协议解除收养关系，也可以通过诉讼方式解除收养关系。此种情况下收养关系的解除，既可能确因双方生活观念不符所致，也可能是因成年养子女虐待、遗弃养父母而解除。在后一种情况下，尽管收养关系最终解除，但养父母可以要求养子女补偿收养期间支出的抚养费。

养父母可以要求生父母补偿抚养费的条件 ➲（1）生父母提出解除收养关系要求的，养父母可以要求生父母适当补偿收养期间支出的抚养费。

（2）养父母可以要求适当补偿抚养费支出。在长期的收养关系存续期间，养父母的具体支出是难以准确计算的。因此，养父母可以结合自己抚养教育养子女的具体情况，提出一个适当、大致的补偿标准。

（3）解除收养关系的请求虽由生父母提出，但原因在于养父母虐待、遗弃养子女的，由于养父母自身存在过错，其无权提出补偿抚养费的请求。

关联参见

《民法典》第 1115 条

法律法规新解读系列

关联法规

民法典婚姻家庭编
解读与应用

最高人民法院关于适用《中华人民共和国民法典》婚姻家庭编的解释（一）

·2020 年 12 月 25 日最高人民法院审判委员会第 1825 次会议通过

·2020 年 12 月 29 日最高人民法院公告公布

·自 2021 年 1 月 1 日起施行

·法释〔2020〕22 号

为正确审理婚姻家庭纠纷案件，根据《中华人民共和国民法典》《中华人民共和国民事诉讼法》等相关法律规定，结合审判实践，制定本解释。

一、一般规定

第一条 持续性、经常性的家庭暴力，可以认定为民法典第一千零四十二条、第一千零七十九条、第一千零九十一条所称的“虐待”。

第二条 民法典第一千零四十二条、第一千零七十九条、第一千零九十一条规定的“与他人同居”的情形，是指有配偶者与婚外异性，不以夫妻名义，持续、稳定地共同居住。

第三条 当事人提起诉讼仅请求解除同居关系的，人民法院不予受理；已经受理的，裁定驳回起诉。

当事人因同居期间财产分割或者子女抚养纠纷提起诉讼的，人民法院应当受理。

第四条 当事人仅以民法典第一千零四十三条为依据提起诉讼的，人民法院不予受理；已经受理的，裁定驳回起诉。

第五条 当事人请求返还按照习俗给付的彩礼的，如果查明属于以下情形，人民法院应当予以支持：

（一）双方未办理结婚登记手续；

（二）双方办理结婚登记手续但确未共同生活；

（三）婚前给付并导致给付人生活困难。

适用前款第二项、第三项的规定，应当以双方离婚为条件。

二、结　婚

第六条　男女双方依据民法典第一千零四十九条规定补办结婚登记的，婚姻关系的效力从双方均符合民法典所规定的结婚的实质要件时起算。

第七条　未依据民法典第一千零四十九条规定办理结婚登记而以夫妻名义共同生活的男女，提起诉讼要求离婚的，应当区别对待：

（一）1994 年 2 月 1 日民政部《婚姻登记管理条例》公布实施以前，男女双方已经符合结婚实质要件的，按事实婚姻处理。

（二）1994 年 2 月 1 日民政部《婚姻登记管理条例》公布实施以后，男女双方符合结婚实质要件的，人民法院应当告知其补办结婚登记。未补办结婚登记的，依据本解释第三条规定处理。

第八条　未依据民法典第一千零四十九条规定办理结婚登记而以夫妻名义共同生活的男女，一方死亡，另一方以配偶身份主张享有继承权的，依据本解释第七条的原则处理。

第九条　有权依据民法典第一千零五十一条规定向人民法院就已办理结婚登记的婚姻请求确认婚姻无效的主体，包括婚姻当事人及利害关系人。其中，利害关系人包括：

（一）以重婚为由的，为当事人的近亲属及基层组织；

（二）以未到法定婚龄为由的，为未到法定婚龄者的近亲属；

（三）以有禁止结婚的亲属关系为由的，为当事人的近亲属。

第十条　当事人依据民法典第一千零五十一条规定向人民法院请求确认婚姻无效，法定的无效婚姻情形在提起诉讼时已经消失的，人民法院不予支持。

第十一条 人民法院受理请求确认婚姻无效案件后，原告申请撤诉的，不予准许。

对婚姻效力的审理不适用调解，应当依法作出判决。

涉及财产分割和子女抚养的，可以调解。调解达成协议的，另行制作调解书；未达成调解协议的，应当一并作出判决。

第十二条 人民法院受理离婚案件后，经审理确属无效婚姻的，应当将婚姻无效的情形告知当事人，并依法作出确认婚姻无效的判决。

第十三条 人民法院就同一婚姻关系分别受理了离婚和请求确认婚姻无效案件的，对于离婚案件的审理，应当待请求确认婚姻无效案件作出判决后进行。

第十四条 夫妻一方或者双方死亡后，生存一方或者利害关系人依据民法典第一千零五十一条的规定请求确认婚姻无效的，人民法院应当受理。

第十五条 利害关系人依据民法典第一千零五十一条的规定，请求人民法院确认婚姻无效的，利害关系人为原告，婚姻关系当事人双方为被告。

夫妻一方死亡的，生存一方为被告。

第十六条 人民法院审理重婚导致的无效婚姻案件时，涉及财产处理的，应当准许合法婚姻当事人作为有独立请求权的第三人参加诉讼。

第十七条 当事人以民法典第一千零五十一条规定的三种无效婚姻以外的情形请求确认婚姻无效的，人民法院应当判决驳回当事人的诉讼请求。

当事人以结婚登记程序存在瑕疵为由提起民事诉讼，主张撤销结婚登记的，告知其可以依法申请行政复议或者提起行政诉讼。

第十八条 行为人以给另一方当事人或者其近亲属的生命、身体、健康、名誉、财产等方面造成损害为要挟，迫使另一方当事人违背真实意愿结婚的，可以认定为民法典第一千零五十二条所称的“胁迫”。

因受胁迫而请求撤销婚姻的，只能是受胁迫一方的婚姻关系当事人本人。

第十九条 民法典第一千零五十二条规定的“一年”，不适用诉讼时效中止、中断或者延长的规定。

受胁迫或者被非法限制人身自由的当事人请求撤销婚姻的，不适用民法典第一百五十二条第二款的规定。

第二十条 民法典第一千零五十四条所规定的“自始没有法律约束力”，是指无效婚姻或者可撤销婚姻在依法被确认无效或者被撤销时，才确定该婚姻自始不受法律保护。

第二十一条 人民法院根据当事人的请求，依法确认婚姻无效或者撤销婚姻的，应当收缴双方的结婚证书并将生效的判决书寄送当地婚姻登记管理机关。

第二十二条 被确认无效或者被撤销的婚姻，当事人同居期间所得的财产，除有证据证明为当事人一方所有的以外，按共同共有处理。

三、夫妻关系

第二十三条 夫以妻擅自中止妊娠侵犯其生育权为由请求损害赔偿的，人民法院不予支持；夫妻双方因是否生育发生纠纷，致使感情确已破裂，一方请求离婚的，人民法院经调解无效，应依照民法典第一千零七十九条第三款第五项的规定处理。

第二十四条 民法典第一千零六十二条第一款第三项规定的“知识产权的收益”，是指婚姻关系存续期间，实际取得或者已经明确可以取得的财产性收益。

第二十五条 婚姻关系存续期间，下列财产属于民法典第一千零六十二条规定的“其他应当归共同所有的财产”：

（一）一方以个人财产投资取得的收益；

（二）男女双方实际取得或者应当取得的住房补贴、住房公积金；

（三）男女双方实际取得或者应当取得的基本养老金、破产安置补偿费。

第二十六条 夫妻一方个人财产在婚后产生的收益，除孳息和自然增值外，应认定为夫妻共同财产。

第二十七条 由一方婚前承租、婚后用共同财产购买的房屋，登记在一方名下的，应当认定为夫妻共同财产。

第二十八条 一方未经另一方同意出售夫妻共同所有的房屋，第三人善意购买、支付合理对价并已办理不动产登记，另一方主张追回该房屋的，人民法院不予支持。

夫妻一方擅自处分共同所有的房屋造成另一方损失，离婚时另一方请求赔偿损失的，人民法院应予支持。

第二十九条 当事人结婚前，父母为双方购置房屋出资的，该出资应当认定为对自己子女个人的赠与，但父母明确表示赠与双方的除外。

当事人结婚后，父母为双方购置房屋出资的，依照约定处理；没有约定或者约定不明确的，按照民法典第一千零六十二条第一款第四项规定的原则处理。

第三十条 军人的伤亡保险金、伤残补助金、医药生活补助费属于个人财产。

第三十一条 民法典第一千零六十三条规定为夫妻一方的个人财产，不因婚姻关系的延续而转化为夫妻共同财产。但当事人另有约定的除外。

第三十二条 婚前或者婚姻关系存续期间，当事人约定将一方所有的房产赠与另一方或者共有，赠与方在赠与房产变更登记之前撤销赠与，另一方请求判令继续履行的，人民法院可以按照民法典第六百五十八条的规定处理。

第三十三条 债权人就一方婚前所负个人债务向债务人的配偶主张权利的，人民法院不予支持。但债权人能够证明所负债务用于婚后家庭共同生活的除外。

第三十四条 夫妻一方与第三人串通，虚构债务，第三人主张该债务为夫妻共同债务的，人民法院不予支持。

夫妻一方在从事赌博、吸毒等违法犯罪活动中所负债务，第三人主张该债务为夫妻共同债务的，人民法院不予支持。

第三十五条 当事人的离婚协议或者人民法院生效判决、裁定、调解书已经对夫妻财产分割问题作出处理的，债权人仍有权就夫妻共同债务向男女双方主张权利。

一方就夫妻共同债务承担清偿责任后，主张由另一方按照离婚协议或者人民法院的法律文书承担相应债务的，人民法院应予支持。

第三十六条 夫或者妻一方死亡的，生存一方应当对婚姻关系存续期间的夫妻共同债务承担清偿责任。

第三十七条 民法典第一千零六十五条第三款所称“相对人知道该约定的”，夫妻一方对此负有举证责任。

第三十八条 婚姻关系存续期间，除民法典第一千零六十六条规定情形以外，夫妻一方请求分割共同财产的，人民法院不予支持。

四、父母子女关系

第三十九条 父或者母向人民法院起诉请求否认亲子关系，并已提供必要证据予以证明，另一方没有相反证据又拒绝做亲子鉴定的，人民法院可以认定否认亲子关系一方的主张成立。

父或者母以及成年子女起诉请求确认亲子关系，并提供必要证据予以证明，另一方没有相反证据又拒绝做亲子鉴定的，人民法院可以认定确认亲子关系一方的主张成立。

第四十条 婚姻关系存续期间，夫妻双方一致同意进行人工授精，所生子女应视为婚生子女，父母子女间的权利义务关系适用民法典的有关规定。

第四十一条 尚在校接受高中及其以下学历教育，或者丧失、部分丧失劳动能力等非因主观原因而无法维持正常生活的成年子女，可以认定为民法典第一千零六十七条规定的“不能独立生活的成年子女”。

第四十二条 民法典第一千零六十七条所称“抚养费”，包括子女生活费、教育费、医疗费等费用。

第四十三条 婚姻关系存续期间，父母双方或者一方拒不履行抚养子女义务，未成年子女或者不能独立生活的成年子女请求支付抚养费的，人民法院应予支持。

第四十四条 离婚案件涉及未成年子女抚养的，对不满两周岁的子女，按照民法典第一千零八十四条第三款规定的原则处理。母亲有下列情形之一，父亲请求直接抚养的，人民法院应予支持：

（一）患有久治不愈的传染性疾病或者其他严重疾病，子女不宜与其共同生活；

（二）有抚养条件不尽抚养义务，而父亲要求子女随其生活；

（三）因其他原因，子女确不宜随母亲生活。

第四十五条 父母双方协议不满两周岁子女由父亲直接抚养，并对子女健康成长无不利影响的，人民法院应予支持。

第四十六条 对已满两周岁的未成年子女，父母均要求直接抚养，一方有下列情形之一的，可予优先考虑：

（一）已做绝育手术或者因其他原因丧失生育能力；

（二）子女随其生活时间较长，改变生活环境对子女健康成长明显不利；

（三）无其他子女，而另一方有其他子女；

（四）子女随其生活，对子女成长有利，而另一方患有久治不愈的传染性疾病或者其他严重疾病，或者有其他不利于子女身心健康的情形，不宜与子女共同生活。

第四十七条 父母抚养子女的条件基本相同，双方均要求直接抚养子女，但子女单独随祖父母或者外祖父母共同生活多年，且祖父母或者外祖父母要求并且有能力帮助子女照顾孙子女或者外孙子女的，可以作为父或者母直接抚养子女的优先条件予以考虑。

第四十八条 在有利于保护子女利益的前提下，父母双方协议轮流直接抚养子女的，人民法院应予支持。

第四十九条 抚养费的数额，可以根据子女的实际需要、父母双方的负担能力和当地的实际生活水平确定。

有固定收入的，抚养费一般可以按其月总收入的百分之二十至三十的比例给付。负担两个以上子女抚养费的，比例可以适当提高，但一般不得超过月总收入的百分之五十。

无固定收入的，抚养费的数额可以依据当年总收入或者同行业平均收入，参照上述比例确定。

有特殊情况的，可以适当提高或者降低上述比例。

第五十条 抚养费应当定期给付，有条件的可以一次性给付。

第五十一条 父母一方无经济收入或者下落不明的，可以用其财物折抵抚养费。

第五十二条 父母双方可以协议由一方直接抚养子女并由直接抚养方负担子女全部抚养费。但是，直接抚养方的抚养能力明显不能保障子女所需费用，影响子女健康成长的，人民法院不予支持。

第五十三条 抚养费的给付期限，一般至子女十八周岁为止。

十六周岁以上不满十八周岁，以其劳动收入为主要生活来源，并能维持当地一般生活水平的，父母可以停止给付抚养费。

第五十四条 生父与继母离婚或者生母与继父离婚时，对曾受其抚养教育的继子女，继父或者继母不同意继续抚养的，仍应由生父或者生母抚养。

第五十五条 离婚后，父母一方要求变更子女抚养关系的，或者子女要求增加抚养费的，应当另行提起诉讼。

第五十六条 具有下列情形之一，父母一方要求变更子女抚养关系的，人民法院应予支持：

（一）与子女共同生活的一方因患严重疾病或者因伤残无力继续抚养子女；

（二）与子女共同生活的一方不尽抚养义务或有虐待子女行为，或者其与子女共同生活对子女身心健康确有不利影响；

（三）已满八周岁的子女，愿随另一方生活，该方又有抚养能力；

（四）有其他正当理由需要变更。

第五十七条 父母双方协议变更子女抚养关系的，人民法院应予支持。

第五十八条 具有下列情形之一，子女要求有负担能力的父或者母增加抚养费的，人民法院应予支持：

（一）原定抚养费数额不足以维持当地实际生活水平；

（二）因子女患病、上学，实际需要已超过原定数额；

（三）有其他正当理由应当增加。

第五十九条 父母不得因子女变更姓氏而拒付子女抚养费。父或者母擅自将子女姓氏改为继母或继父姓氏而引起纠纷的，应当责令恢复原姓氏。

第六十条 在离婚诉讼期间，双方均拒绝抚养子女的，可以先行裁定暂由一方抚养。

第六十一条 对拒不履行或者妨害他人履行生效判决、裁定、调解书中有关子女抚养义务的当事人或者其他人，人民法院可依照民事诉讼法第一百一十一条的规定采取强制措施。

五、离　婚

第六十二条 无民事行为能力人的配偶有民法典第三十六条第一款规定行为，其他有监护资格的人可以要求撤销其监护资格，并依法指定新的监护人；变更后的监护人代理无民事行为能力一方提起离婚诉讼的，人民法院应予受理。

第六十三条 人民法院审理离婚案件，符合民法典第一千零七十九条第三款规定“应当准予离婚”情形的，不应当因当事人有过错而判决不准离婚。

第六十四条 民法典第一千零八十一条所称的“军人一方有重大过错”，可以依据民法典第一千零七十九条第三款前三项规定及军人有其他重大过错导致夫妻感情破裂的情形予以判断。

第六十五条 人民法院作出的生效的离婚判决中未涉及探望权，当事人就探望权问题单独提起诉讼的，人民法院应予受理。

第六十六条 当事人在履行生效判决、裁定或者调解书的过程中，一方请求中止探望的，人民法院在征询双方当事人意见后，认为需要中止探望的，依法作出裁定；中止探望的情形消失后，人民法院应当根据当事人的请求书面通知其恢复探望。

第六十七条 未成年子女、直接抚养子女的父或者母以及其他对未成年子女负担抚养、教育、保护义务的法定监护人，有权向人民法院提出中止探望的请求。

第六十八条 对于拒不协助另一方行使探望权的有关个人或者组织，可以由人民法院依法采取拘留、罚款等强制措施，但是不能对子女的人身、探望行为进行强制执行。

第六十九条 当事人达成的以协议离婚或者到人民法院调解离婚为条件的财产以及债务处理协议，如果双方离婚未成，一方在离婚诉讼中反悔的，人民法院应当认定该财产以及债务处理协议没有生效，并根据实际情况依照民法典第一千零八十七条和第一千零八十九条的规定判决。

当事人依照民法典第一千零七十六条签订的离婚协议中关于财产以及债务处理的条款，对男女双方具有法律约束力。登记离婚后当事人因履行上述协议发生纠纷提起诉讼的，人民法院应当受理。

第七十条 夫妻双方协议离婚后就财产分割问题反悔，请求撤销财产分割协议的，人民法院应当受理。

人民法院审理后，未发现订立财产分割协议时存在欺诈、胁迫等情形的，应当依法驳回当事人的诉讼请求。

第七十一条 人民法院审理离婚案件，涉及分割发放到军人名下的复员费、自主择业费等一次性费用的，以夫妻婚姻关系存续年限乘以年平均值，所得数额为夫妻共同财产。

前款所称年平均值，是指将发放到军人名下的上述费用总额按具体年限均分得出的数额。其具体年限为人均寿命七十岁与军人入伍时实际年龄的差额。

第七十二条 夫妻双方分割共同财产中的股票、债券、投资基金份额等有价证券以及未上市股份有限公司股份时，协商不成或者按市价分配有困难的，人民法院可以根据数量按比例分配。

第七十三条 人民法院审理离婚案件，涉及分割夫妻共同财产中以一方名义在有限责任公司的出资额，另一方不是该公司股东的，按以下情形分别处理：

（一）夫妻双方协商一致将出资额部分或者全部转让给该股东的配偶，其他股东过半数同意，并且其他股东均明确表示放弃优先购买权的，该股东的配偶可以成为该公司股东；

（二）夫妻双方就出资额转让份额和转让价格等事项协商一致后，其他股东半数以上不同意转让，但愿意以同等条件购买该出资额的，人民法院可以对转让出资所得财产进行分割。其他股东半数以上不同意转让，也不愿意以同等条件购买该出资额的，视为其同意转让，该股东的配偶可以成为该公司股东。

用于证明前款规定的股东同意的证据，可以是股东会议材料，也可以是当事人通过其他合法途径取得的股东的书面声明材料。

第七十四条 人民法院审理离婚案件，涉及分割夫妻共同财产中以一方名义在合伙企业中的出资，另一方不是该企业合伙人的，当夫妻双方协商一致，将其合伙企业中的财产份额全部或者部分转让给对方时，按以下情形分别处理：

（一）其他合伙人一致同意的，该配偶依法取得合伙人地位；

（二）其他合伙人不同意转让，在同等条件下行使优先购买权的，可以对转让所得的财产进行分割；

（三）其他合伙人不同意转让，也不行使优先购买权，但同意该合伙人退伙或者削减部分财产份额的，可以对结算后的财产进行分割；

（四）其他合伙人既不同意转让，也不行使优先购买权，又不同意该合伙人退伙或者削减部分财产份额的，视为全体合伙人同意转让，该配偶依法取得合伙人地位。

第七十五条 夫妻以一方名义投资设立个人独资企业的，人民法院分割夫妻在该个人独资企业中的共同财产时，应当按照以下情形分别处理：

（一）一方主张经营该企业的，对企业资产进行评估后，由取得企业资产所有权一方给予另一方相应的补偿；

（二）双方均主张经营该企业的，在双方竞价基础上，由取得企业资产所有权的一方给予另一方相应的补偿；

（三）双方均不愿意经营该企业的，按照《中华人民共和国个人独资企业法》等有关规定办理。

第七十六条 双方对夫妻共同财产中的房屋价值及归属无法达成协议时，人民法院按以下情形分别处理：

（一）双方均主张房屋所有权并且同意竞价取得的，应当准许；

（二）一方主张房屋所有权的，由评估机构按市场价格对房屋作出评估，取得房屋所有权的一方应当给予另一方相应的补偿；

（三）双方均不主张房屋所有权的，根据当事人的申请拍卖、变卖房屋，就所得价款进行分割。

第七十七条 离婚时双方对尚未取得所有权或者尚未取得完全所有权的房屋有争议且协商不成的，人民法院不宜判决房屋所有权的归属，应当根据实际情况判决由当事人使用。

当事人就前款规定的房屋取得完全所有权后，有争议的，可以另行向人民法院提起诉讼。

第七十八条 夫妻一方婚前签订不动产买卖合同，以个人财产支付首付款并在银行贷款，婚后用夫妻共同财产还贷，不动产登记于首付款支付方名下的，离婚时该不动产由双方协议处理。

依前款规定不能达成协议的，人民法院可以判决该不动产归登记一方，尚未归还的贷款为不动产登记一方的个人债务。双方婚后共同还贷支付的款项及其相对应财产增值部分，离婚时应根据民法典第一千零八十七条第一款规定的原则，由不动产登记一方对另一方进行补偿。

第七十九条 婚姻关系存续期间，双方用夫妻共同财产出资购买以一方父母名义参加房改的房屋，登记在一方父母名下，离婚时另一方主张按照夫妻共同财产对该房屋进行分割的，人民法院不予支持。购买该房屋时的出资，可以作为债权处理。

第八十条 离婚时夫妻一方尚未退休、不符合领取基本养老金条件，另一方请求按照夫妻共同财产分割基本养老金的，人民法院不予支持；婚后以夫妻共同财产缴纳基本养老保险费，离婚时一方主张将养老金账户中婚姻关系存续期间个人实际缴纳部分及利息作为夫妻共同财产分割的，人民法院应予支持。

第八十一条 婚姻关系存续期间，夫妻一方作为继承人依法可以继承的遗产，在继承人之间尚未实际分割，起诉离婚时另一方请求分割的，人民法院应当告知当事人在继承人之间实际分割遗产后另行起诉。

第八十二条 夫妻之间订立借款协议，以夫妻共同财产出借给一方从事个人经营活动或者用于其他个人事务的，应视为双方约定处分夫妻共同财产的行为，离婚时可以按照借款协议的约定处理。

第八十三条 离婚后，一方以尚有夫妻共同财产未处理为由向人民法院起诉请求分割的，经审查该财产确属离婚时未涉及的夫妻共同财产，人民法院应当依法予以分割。

第八十四条 当事人依据民法典第一千零九十二条的规定向人民法院提起诉讼，请求再次分割夫妻共同财产的诉讼时效期间为三年，从当事人发现之日起计算。

第八十五条 夫妻一方申请对配偶的个人财产或者夫妻共同财产采取保全措施的，人民法院可以在采取保全措施可能造成损失的范围内，根据实际情况，确定合理的财产担保数额。

第八十六条 民法典第一千零九十一条规定的“损害赔偿”，包括物质损害赔偿和精神损害赔偿。涉及精神损害赔偿的，适用《最高人民法院关于确定民事侵权精神损害赔偿责任若干问题的解释》的有关规定。

第八十七条 承担民法典第一千零九十一条规定的损害赔偿责任的主体，为离婚诉讼当事人中无过错方的配偶。

人民法院判决不准离婚的案件，对于当事人基于民法典第一千零九十一条提出的损害赔偿请求，不予支持。

在婚姻关系存续期间，当事人不起诉离婚而单独依据民法典第一千零九十一条提起损害赔偿请求的，人民法院不予受理。

第八十八条 人民法院受理离婚案件时，应当将民法典第一千零九十一条等规定中当事人的有关权利义务，书面告知当事人。在适用民法典第一千零九十一条时，应当区分以下不同情况：

（一）符合民法典第一千零九十一条规定的无过错方作为原告基于该条规定向人民法院提起损害赔偿请求的，必须在离婚诉讼的同时提出。

（二）符合民法典第一千零九十一条规定的无过错方作为被告的离婚诉讼案件，如果被告不同意离婚也不基于该条规定提起损害赔偿请求的，可以就此单独提起诉讼。

（三）无过错方作为被告的离婚诉讼案件，一审时被告未基于民法典第一千零九十一条规定提出损害赔偿请求，二审期间提出的，人民法院应当进行调解；调解不成的，告知当事人另行起诉。双方当事人同意由第二审人民法院一并审理的，第二审人民法院可以一并裁判。

第八十九条 当事人在婚姻登记机关办理离婚登记手续后，以民法典第一千零九十一条规定为由向人民法院提出损害赔偿请求的，人民法院应当受理。但当事人在协议离婚时已经明确表示放弃该项请求的，人民法院不予支持。

第九十条 夫妻双方均有民法典第一千零九十一条规定的过错情形，一方或者双方向对方提出离婚损害赔偿请求的，人民法院不予支持。

六、附　则

第九十一条 本解释自 2021 年 1 月 1 日起施行。

婚姻登记条例

· 2003 年 7 月 30 日国务院第 16 次常务会议通过

· 2003 年 8 月 8 日中华人民共和国国务院令第 387 号公布

· 自 2003 年 10 月 1 日起施行

第一章 总 则

第一条 为了规范婚姻登记工作，保障婚姻自由、一夫一妻、男女平等的婚姻制度的实施，保护婚姻当事人的合法权益，根据《中华人民共和国婚姻法》（以下简称婚姻法），制定本条例。

第二条 内地居民办理婚姻登记的机关是县级人民政府民政部门或者乡（镇）人民政府，省、自治区、直辖市人民政府可以按照便民原则确定农村居民办理婚姻登记的具体机关。

中国公民同外国人，内地居民同香港特别行政区居民（以下简称香港居民）、澳门特别行政区居民（以下简称澳门居民）、台湾地区居民（以下简称台湾居民）、华侨办理婚姻登记的机关是省、自治区、直辖市人民政府民政部门或者省、自治区、直辖市人民政府民政部门确定的机关。

第三条 婚姻登记机关的婚姻登记员应当接受婚姻登记业务培训，经考核合格，方可从事婚姻登记工作。

婚姻登记机关办理婚姻登记，除按收费标准向当事人收取工本费外，不得收取其他费用或者附加其他义务。

第二章 结婚登记

第四条 内地居民结婚，男女双方应当共同到一方当事人常住户口所在地的婚姻登记机关办理结婚登记。

中国公民同外国人在中国内地结婚的，内地居民同香港居民、澳门居民、台湾居民、华侨在中国内地结婚的，男女双方应当共同到内地居民常住户口所在地的婚姻登记机关办理结婚登记。

第五条 办理结婚登记的内地居民应当出具下列证件和证明材料：

（一）本人的户口簿、身份证；

（二）本人无配偶以及与对方当事人没有直系血亲和三代以内旁系血亲关系的签字声明。

办理结婚登记的香港居民、澳门居民、台湾居民应当出具下列证件和证明材料：

（一）本人的有效通行证、身份证；

（二）经居住地公证机构公证的本人无配偶以及与对方当事人没有直系血亲和三代以内旁系血亲关系的声明。

办理结婚登记的华侨应当出具下列证件和证明材料：

（一）本人的有效护照；

（二）居住国公证机构或者有权机关出具的、经中华人民共和国驻该国使（领）馆认证的本人无配偶以及与对方当事人没有直系血亲和三代以内旁系血亲关系的证明，或者中华人民共和国驻该国使（领）馆出具的本人无配偶以及与对方当事人没有直系血亲和三代以内旁系血亲关系的证明。

办理结婚登记的外国人应当出具下列证件和证明材料：

（一）本人的有效护照或者其他有效的国际旅行证件；

（二）所在国公证机构或者有权机关出具的、经中华人民共和国驻该国使（领）馆认证或者该国驻华使（领）馆认证的本人无配偶的证明，或者所在国驻华使（领）馆出具的本人无配偶的证明。

第六条 办理结婚登记的当事人有下列情形之一的，婚姻登记机关不予登记：

（一）未到法定结婚年龄的；

（二）非双方自愿的；

（三）一方或者双方已有配偶的；

（四）属于直系血亲或者三代以内旁系血亲的；

（五）患有医学上认为不应当结婚的疾病的。

第七条 婚姻登记机关应当对结婚登记当事人出具的证件、证明材料进行审查并询问相关情况。对当事人符合结婚条件的，应当当场予以登记，发给结婚证；对当事人不符合结婚条件不予登记的，应当向当事人说明理由。

第八条 男女双方补办结婚登记的，适用本条例结婚登记的规定。

第九条 因胁迫结婚的，受胁迫的当事人依据婚姻法第十一条的规定向婚姻登记机关请求撤销其婚姻的，应当出具下列证明材料：

（一）本人的身份证、结婚证；

（二）能够证明受胁迫结婚的证明材料。

婚姻登记机关经审查认为受胁迫结婚的情况属实且不涉及子女抚养、财产及债务问题的，应当撤销该婚姻，宣告结婚证作废。

第三章 离婚登记

第十条 内地居民自愿离婚的，男女双方应当共同到一方当事人常住户口所在地的婚姻登记机关办理离婚登记。

中国公民同外国人在中国内地自愿离婚的，内地居民同香港居民、澳门居民、台湾居民、华侨在中国内地自愿离婚的，男女双方应当共同到内地居民常住户口所在地的婚姻登记机关办理离婚登记。

第十一条 办理离婚登记的内地居民应当出具下列证件和证明材料：

（一）本人的户口簿、身份证；

（二）本人的结婚证；

（三）双方当事人共同签署的离婚协议书。

办理离婚登记的香港居民、澳门居民、台湾居民、华侨、外国人除应当出具前款第（二）项、第（三）项规定的证件、证明材料外，香港居民、澳门居民、台湾居民还应当出具本人的有效通行证、身份证，华侨、外国人还应当出具本人的有效护照或者其他有效国际旅行证件。

离婚协议书应当载明双方当事人自愿离婚的意思表示以及对子女抚养、财产及债务处理等事项协商一致的意见。

第十二条 办理离婚登记的当事人有下列情形之一的，婚姻登记机关不予受理：

（一）未达成离婚协议的；

（二）属于无民事行为能力人或者限制民事行为能力人的；

（三）其结婚登记不是在中国内地办理的。

第十三条 婚姻登记机关应当对离婚登记当事人出具的证件、证明材料进行审查并询问相关情况。对当事人确属自愿离婚，并已对子女抚养、财产、债务等问题达成一致处理意见的，应当当场予以登记，发给离婚证。

第十四条 离婚的男女双方自愿恢复夫妻关系的，应当到婚姻登记机关办理复婚登记。复婚登记适用本条例结婚登记的规定。

第四章 婚姻登记档案和婚姻登记证

第十五条 婚姻登记机关应当建立婚姻登记档案。婚姻登记档案应当长期保管。具体管理办法由国务院民政部门会同国家档案管理部门规定。

第十六条 婚姻登记机关收到人民法院宣告婚姻无效或者撤销婚姻的判决书副本后，应当将该判决书副本收入当事人的婚姻登记档案。

第十七条 结婚证、离婚证遗失或者损毁的，当事人可以持户口簿、身份证向原办理婚姻登记的机关或者一方当事人常住户口所在地的婚姻登记机关申请补领。婚姻登记机关对当事人的婚姻登记档案进行查证，确认属实的，应当为当事人补发结婚证、离婚证。

第五章 罚 则

第十八条 婚姻登记机关及其婚姻登记员有下列行为之一的，对直接负责的主管人员和其他直接责任人员依法给予行政处分：

（一）为不符合婚姻登记条件的当事人办理婚姻登记的；

（二）玩忽职守造成婚姻登记档案损失的；

（三）办理婚姻登记或者补发结婚证、离婚证超过收费标准收取费用的。

违反前款第（三）项规定收取的费用，应当退还当事人。

第六章　附　则

第十九条　中华人民共和国驻外使（领）馆可以依照本条例的有关规定，为男女双方均居住于驻在国的中国公民办理婚姻登记。

第二十条　本条例规定的婚姻登记证由国务院民政部门规定式样并监制。

第二十一条　当事人办理婚姻登记或者补领结婚证、离婚证应当交纳工本费。工本费的收费标准由国务院价格主管部门会同国务院财政部门规定并公布。

第二十二条　本条例自2003年10月1日起施行。1994年1月12日国务院批准、1994年2月1日民政部发布的《婚姻登记管理条例》同时废止。

民政部关于贯彻落实《中华人民共和国民法典》中有关婚姻登记规定的通知

· 2020年11月24日

· 民发〔2020〕116号

各省、自治区、直辖市民政厅（局），各计划单列市民政局，新疆生产建设兵团民政局：

《中华人民共和国民法典》（以下简称《民法典》）将于2021年1

月1日起施行。根据《民法典》规定，对婚姻登记有关程序等作出如下调整：

一、婚姻登记机关不再受理因胁迫结婚请求撤销业务

《民法典》第一千零五十二条第一款规定：“因胁迫结婚的，受胁迫的一方可以向人民法院请求撤销婚姻。”因此，婚姻登记机关不再受理因胁迫结婚的撤销婚姻申请，《婚姻登记工作规范》第四条第三款、第五章废止，删除第十四条第（五）项中“及可撤销婚姻”、第二十五条第（二）项中“撤销受胁迫婚姻”及第七十二条第（二）项中“撤销婚姻”表述。

二、调整离婚登记程序

根据《民法典》第一千零七十六条、第一千零七十七条和第一千零七十八条规定，离婚登记按如下程序办理：

（一）申请。夫妻双方自愿离婚的，应当签订书面离婚协议，共同到有管辖权的婚姻登记机关提出申请，并提供以下证件和证明材料：

1. 内地婚姻登记机关或者中国驻外使（领）馆颁发的结婚证；

2. 符合《婚姻登记工作规范》第二十九条至第三十五条规定的有效身份证件；

3. 在婚姻登记机关现场填写的《离婚登记申请书》。

（二）受理。婚姻登记机关按照《婚姻登记工作规范》有关规定对当事人提交的上述材料进行初审。

申请办理离婚登记的当事人有一本结婚证丢失的，当事人应当书面声明遗失，婚姻登记机关可以根据另一本结婚证受理离婚登记申请；申请办理离婚登记的当事人两本结婚证都丢失的，当事人应当书面声明结婚证遗失并提供加盖查档专用章的结婚登记档案复印件，婚姻登记机关可根据当事人提供的上述材料受理离婚登记申请。

婚姻登记机关对当事人提交的证件和证明材料初审无误后，发给《离婚登记申请受理回执单》。不符合离婚登记申请条件的，不予受理。当事人要求出具《不予受理离婚登记申请告知书》的，应当出具。

（三）冷静期。自婚姻登记机关收到离婚登记申请并向当事人发放《离婚登记申请受理回执单》之日起三十日内（自婚姻登记机关收到离婚登记申请之日的次日开始计算期间，期间的最后一日是法定休假日的，以法定休假日结束的次日为期间的最后一日），任何一方不愿意离婚的，可以持本人有效身份证件和《离婚登记申请受理回执单》（遗失的可不提供，但需书面说明情况），向受理离婚登记申请的婚姻登记机关撤回离婚登记申请，并亲自填写《撤回离婚登记申请书》。经婚姻登记机关核实无误后，发给《撤回离婚登记申请确认单》，并将《离婚登记申请书》、《撤回离婚登记申请书》与《撤回离婚登记申请确认单（存根联）》一并存档。

自离婚冷静期届满后三十日内（自冷静期届满日的次日开始计算期间，期间的最后一日是法定休假日的，以法定休假日结束的次日为期间的最后一日），双方未共同到婚姻登记机关申请发给离婚证的，视为撤回离婚登记申请。

（四）审查。自离婚冷静期届满后三十日内（自冷静期届满日的次日开始计算期间，期间的最后一日是法定休假日的，以法定休假日结束的次日为期间的最后一日），双方当事人应当持《婚姻登记工作规范》第五十五条第（四）至（七）项规定的证件和材料，共同到婚姻登记机关申请发给离婚证。

婚姻登记机关按照《婚姻登记工作规范》第五十六条和第五十七条规定的程序和条件执行和审查。婚姻登记机关对不符合离婚登记条件的，不予办理。当事人要求出具《不予办理离婚登记告知书》的，应当出具。

（五）登记（发证）。婚姻登记机关按照《婚姻登记工作规范》第五十八条至六十条规定，予以登记，发给离婚证。

离婚协议书一式三份，男女双方各一份并自行保存，婚姻登记机关存档一份。婚姻登记机关在当事人持有的两份离婚协议书上加盖“此件与存档件一致，涂改无效。××××婚姻登记处××××年××月××日”的长方形红色印章并填写日期。多页离婚协议书同时在骑缝处加盖此印章，骑缝处不填写日期。当事人亲自签订的离婚协议书原件存档。婚姻登记机关在存档的离婚协议书加盖“××××婚姻登记处存档件××××年××月××日”的长方形红色印章并填写日期。

三、离婚登记档案归档

婚姻登记机关应当按照《婚姻登记档案管理办法》规定建立离婚登记档案，形成电子档案。

归档材料应当增加离婚登记申请环节所有材料（包括撤回离婚登记申请和视为撤回离婚登记申请的所有材料）。

四、工作要求

（一）加强宣传培训。要将本《通知》纳入信息公开的范围，将更新后的婚姻登记相关规定和工作程序及时在相关网站、婚姻登记场所公开，让群众知悉婚姻登记的工作流程和工作要求，最大限度做到便民利民。要抓紧开展教育培训工作，使婚姻登记员及时掌握《通知》的各项规定和要求，确保婚姻登记工作依法依规开展。

（二）做好配套衔接。加快推进本地区相关配套制度的“废改立”工作，确保与本《通知》的规定相一致。做好婚姻登记信息系统的升级，及时将离婚登记的申请、撤回等环节纳入信息系统，确保与婚姻登记程序有效衔接。

（三）强化风险防控。要做好分析研判，对《通知》实施过程中可能出现的风险和问题要有应对措施，确保矛盾问题得到及时处置。要健全请示报告制度，在《通知》执行过程中遇到的重要问题和有关情况，及时报告民政部。

本通知自 2021 年 1 月 1 日起施行。《民政部关于印发〈婚姻登记工作规范〉的通知》（民发〔2015〕230 号）中与本《通知》不一致的，以本《通知》为准。

民政部关于贯彻执行《婚姻登记条例》若干问题的意见

·2004年3月29日

·民函〔2004〕76号

各省、自治区、直辖市民政厅（局），计划单列市民政局，新疆生产建设兵团民政局：

为切实保障《婚姻登记条例》的贯彻实施，规范婚姻登记工作，方便当事人办理婚姻登记，经商国务院法制办公室、外交部、公安部、解放军总政治部等相关部门，现就《婚姻登记条例》贯彻执行过程中的若干问题提出以下处理意见：

一、关于身份证问题

当事人无法提交居民身份证的，婚姻登记机关可根据当事人出具的有效临时身份证办理婚姻登记。

二、关于户口簿问题

当事人无法出具居民户口簿的，婚姻登记机关可凭公安部门或有关户籍管理机构出具的加盖印章的户籍证明办理婚姻登记；当事人属于集体户口的，婚姻登记机关可凭集体户口簿内本人的户口卡片或加盖单位印章的记载其户籍情况的户口簿复印件办理婚姻登记。

当事人未办理落户手续的，户口迁出地或另一方当事人户口所在地的婚姻登记机关可凭公安部门或有关户籍管理机构出具的证明材料办理婚姻登记。

三、关于身份证、户口簿查验问题

当事人所持户口簿与身份证上的“姓名”、“性别”、“出生日期”内容不一致的，婚姻登记机关应告知当事人先到户籍所在地的公安部门履行相关项目变更和必要的证簿换领手续后再办理婚姻登记。

当事人声明的婚姻状况与户口簿“婚姻状况”内容不一致的，婚姻登记机关对当事人婚姻状况的审查主要依据其本人书面声明。

四、关于少数民族当事人提供的照片问题

为尊重少数民族的风俗习惯，少数民族当事人办理婚姻登记时提供的照片是否免冠从习俗。

五、关于离婚登记中的结婚证问题

申请办理离婚登记的当事人有一本结婚证丢失的，婚姻登记机关可根据另一本结婚证办理离婚登记；当事人两本结婚证都丢失的，婚姻登记机关可根据结婚登记档案或当事人提供的结婚登记记录证明等证明材料办理离婚登记。当事人应对结婚证丢失情况作出书面说明，该说明由婚姻登记机关存档。

申请办理离婚登记的当事人提供的结婚证上的姓名、出生日期、身份证号与身份证、户口簿不一致的，当事人应书面说明不一致的原因。

六、关于补领结婚证、离婚证问题

申请补领结婚证、离婚证的当事人出具的身份证、户口簿上的姓名、年龄、身份证号与原婚姻登记档案记载不一致的，当事人应书面说明不一致的原因，婚姻登记机关可根据当事人出具的身份证件补发结婚证、离婚证。

当事人办理结婚登记时未达法定婚龄，申请补领时仍未达法定婚龄的，婚姻登记机关不得补发结婚证。当事人办理结婚登记时未达法定婚龄，申请补领时已达法定婚龄的，当事人应对结婚登记情况作出书面说明；婚姻登记机关补发的结婚证登记日期应为当事人达到法定婚龄之日。

七、关于出国人员、华侨及港澳台居民结婚提交材料的问题

出国人员办理结婚登记应根据其出具的证件分情况处理。当事人出具身份证、户口簿作为身份证件的，按内地居民婚姻登记规定办理；当事人出具中国护照作为身份证件的，按华侨婚姻登记规定办理。

当事人以中国护照作为身份证件，在内地居住满一年、无法取得有

关国家或我驻外使领馆出具的婚姻状况证明的，婚姻登记机关可根据当事人本人的相关情况声明及两个近亲属出具的有关当事人婚姻状况的证明办理结婚登记。

八、关于双方均非内地居民的结婚登记问题

双方均为外国人，要求在内地办理结婚登记的，如果当事人能够出具《婚姻登记条例》规定的相应证件和证明材料以及当事人本国承认其居民在国外办理结婚登记效力的证明，当事人工作或生活所在地具有办理涉外婚姻登记权限的登记机关应予受理。

一方为外国人、另一方为港澳台居民或华侨，或者双方均为港澳台居民或华侨，要求在内地办理结婚登记的，如果当事人能够出具《婚姻登记条例》规定的相应证件和证明材料，当事人工作或生活所在地具有相应办理婚姻登记权限的登记机关应予受理。

一方为出国人员、另一方为外国人或港澳台居民，或双方均为出国人员，要求在内地办理结婚登记的，如果当事人能够出具《婚姻登记条例》规定的相应证件和证明材料，出国人员出国前户口所在地具有相应办理婚姻登记权限的登记机关应予受理。

九、关于现役军人的婚姻登记问题

办理现役军人的婚姻登记仍按《民政部办公厅关于印发〈军队贯彻实施《中华人民共和国婚姻法》若干问题的规定〉有关内容的通知》（民办函〔2001〕226号）执行。

办理现役军人婚姻登记的机关可以是现役军人部队驻地所在地或户口注销前常住户口所在地的婚姻登记机关，也可以是非现役军人一方常住户口所在地的婚姻登记机关。

十、关于服刑人员的婚姻登记问题

服刑人员申请办理婚姻登记，应当亲自到婚姻登记机关提出申请并出具有效的身份证件；服刑人员无法出具身份证件的，可由监狱管理部门出具有关证明材料。

办理服刑人员婚姻登记的机关可以是一方当事人常住户口所在地或

服刑监狱所在地的婚姻登记机关。

附件：公安部关于对执行《婚姻登记条例》有关问题的意见的函（略）

婚姻登记工作规范

·2015年12月8日民政部公布

·根据2020年11月24日《民政部关于贯彻落实〈中华人民共和国民法典〉中有关婚姻登记规定的通知》修订

第一章　总　则

第一条　为加强婚姻登记规范化管理，维护婚姻当事人的合法权益，根据《中华人民共和国婚姻法》和《婚姻登记条例》，制定本规范。

第二条　各级婚姻登记机关应当依照法律、法规及本规范，认真履行职责，做好婚姻登记工作。

第二章　婚姻登记机关

第三条　婚姻登记机关是依法履行婚姻登记行政职能的机关。

第四条　婚姻登记机关履行下列职责：

（一）办理婚姻登记；

（二）补发婚姻登记证；

（三）建立和管理婚姻登记档案；

（四）宣传婚姻法律法规，倡导文明婚俗。

第五条　婚姻登记管辖按照行政区域划分。

（一）县、不设区的市、市辖区人民政府民政部门办理双方或者一方常住户口在本行政区域内的内地居民之间的婚姻登记。

省级人民政府可以根据实际情况，规定乡（镇）人民政府办理双方或者一方常住户口在本乡（镇）的内地居民之间的婚姻登记。

（二）省级人民政府民政部门或者其确定的民政部门，办理一方常住户口在辖区内的涉外和涉香港、澳门、台湾居民以及华侨的婚姻登记。

办理经济技术开发区、高新技术开发区等特别区域内居民婚姻登记的机关由省级人民政府民政部门提出意见报同级人民政府确定。

（三）现役军人由部队驻地、入伍前常住户口所在地或另一方当事人常住户口所在地婚姻登记机关办理婚姻登记。

婚姻登记机关不得违反上述规定办理婚姻登记。

第六条 具有办理婚姻登记职能的县级以上人民政府民政部门和乡（镇）人民政府应当按照本规范要求设置婚姻登记处。

省级人民政府民政部门设置、变更或撤销婚姻登记处，应当形成文件并对外公布；市、县（市、区）人民政府民政部门、乡（镇）人民政府设置、变更或撤销婚姻登记处，应当形成文件，对外公布并逐级上报省级人民政府民政部门。省级人民政府民政部门应当相应调整婚姻登记信息系统使用相关权限。

第七条 省、市、县（市、区）人民政府民政部门和乡镇人民政府设置的婚姻登记处分别称为：

××省（自治区、直辖市）民政厅（局）婚姻登记处，××市民政局婚姻登记处，××县（市）民政局婚姻登记处；

××市××区民政局婚姻登记处；

××县（市、区）××乡（镇）人民政府婚姻登记处。

县、不设区的市、市辖区人民政府民政部门设置多个婚姻登记处的，应当在婚姻登记处前冠其所在地的地名。

第八条 婚姻登记处应当在门外醒目处悬挂婚姻登记处标牌。标牌尺寸不得小于1500mm×300mm或550mm×450mm。

第九条 婚姻登记处应当按照民政部要求，使用全国婚姻登记工作标识。

第十条 具有办理婚姻登记职能的县级以上人民政府民政部门和乡（镇）人民政府应当刻制婚姻登记工作业务专用印章和钢印。专用印章和钢印为圆形，直径 35mm。

婚姻登记工作业务专用印章和钢印，中央刊“★”，“★”外围刊婚姻登记处所属民政厅（局）或乡（镇）人民政府名称，如：“××省民政厅”、“××市民政局”、“××市××区民政局”、“××县民政局”或者“××县××乡（镇）人民政府”。

“★”下方刊“婚姻登记专用章”。民政局设置多个婚姻登记处的，“婚姻登记专用章”下方刊婚姻登记处序号。

第十一条 婚姻登记处应当有独立的场所办理婚姻登记，并设有候登大厅、结婚登记区、离婚登记室和档案室。结婚登记区、离婚登记室可合并为相应数量的婚姻登记室。

婚姻登记场所应当宽敞、庄严、整洁，设有婚姻登记公告栏。

婚姻登记处不得设在婚纱摄影、婚庆服务、医疗等机构场所内，上述服务机构不得设置在婚姻登记场所内。

第十二条 婚姻登记处应当配备以下设备：

（一）复印机；

（二）传真机；

（三）扫描仪；

（四）证件及纸张打印机；

（五）计算机；

（六）身份证阅读器。

第十三条 婚姻登记处可以安装具有音频和视频功能的设备，并妥善保管音频和视频资料。

婚姻登记场所应当配备必要的公共服务设施，婚姻登记当事人应当按照要求合理使用。

第十四条 婚姻登记处实行政务公开，下列内容应当在婚姻登记处公开展示：

（一）本婚姻登记处的管辖权及依据；

（二）婚姻法的基本原则以及夫妻的权利、义务；

（三）结婚登记、离婚登记的条件与程序；

（四）补领婚姻登记证的条件与程序；

（五）无效婚姻的规定；

（六）收费项目与收费标准；

（七）婚姻登记员职责及其照片、编号；

（八）婚姻登记处办公时间和服务电话，设置多个婚姻登记处的，应当同时公布，巡回登记的，应当公布巡回登记时间和地点；

（九）监督电话。

第十五条 婚姻登记处应当备有《中华人民共和国婚姻法》、《婚姻登记条例》及其他有关文件，供婚姻当事人免费查阅。

第十六条 婚姻登记处在工作日应当对外办公，办公时间在办公场所外公告。

第十七条 婚姻登记处应当通过省级婚姻登记信息系统开展实时联网登记，并将婚姻登记电子数据实时传送给民政部婚姻登记信息系统。

各级民政部门应当为本行政区域内婚姻登记管理信息化建设创造条件，并制定婚姻登记信息化管理制度。

婚姻登记处应当将保存的本辖区未录入信息系统的婚姻登记档案录入婚姻登记历史数据补录系统。

第十八条 婚姻登记处应当按照《婚姻登记档案管理办法》的规定管理婚姻登记档案。

第十九条 婚姻登记处应当制定婚姻登记印章、证书、纸制档案、电子档案等管理制度，完善业务学习、岗位责任、考评奖惩等制度。

第二十条 婚姻登记处应当开通婚姻登记网上预约功能和咨询电话，电话号码在当地 114 查询台登记。

具备条件的婚姻登记处应当开通互联网网页，互联网网页内容应当包括：办公时间、办公地点；管辖权限；申请结婚登记的条件、办理结婚登记的程序；申请离婚登记的条件、办理离婚登记的程序；申请补领婚姻登记证的程序和需要的证明材料、撤销婚姻的程序等内容。

第二十一条 婚姻登记处可以设立婚姻家庭辅导室，通过政府购买服务或公开招募志愿者等方式聘用婚姻家庭辅导员，并在坚持群众自愿的前提下，开展婚姻家庭辅导服务。婚姻家庭辅导员应当具备以下资格之一：

（一）社会工作师；

（二）心理咨询师；

（三）律师；

（四）其他相应专业资格。

第二十二条 婚姻登记处可以设立颁证厅，为有需要的当事人颁发结婚证。

第三章　婚姻登记员

第二十三条 婚姻登记机关应当配备专职婚姻登记员。婚姻登记员人数、编制可以参照《婚姻登记机关等级评定标准》确定。

第二十四条 婚姻登记员由本级民政部门考核、任命。

婚姻登记员应当由设区的市级以上人民政府民政部门进行业务培训，经考核合格，取得婚姻登记员培训考核合格证明，方可从事婚姻登记工作。其他人员不得从事本规范第二十五条规定的工作。

婚姻登记员培训考核合格证明由省级人民政府民政部门统一印制。

婚姻登记员应当至少每 2 年参加一次设区的市级以上人民政府民政部门举办的业务培训，取得业务培训考核合格证明。

婚姻登记处应当及时将婚姻登记员上岗或离岗信息逐级上报省级人民政府民政部门，省级人民政府民政部门应当根据上报的信息及时调整婚姻登记信息系统使用相关权限。

第二十五条 婚姻登记员的主要职责：

（一）负责对当事人有关婚姻状况声明的监督；

（二）审查当事人是否具备结婚、离婚、补发婚姻登记证的条件；

（三）办理婚姻登记手续，签发婚姻登记证；

（四）建立婚姻登记档案。

第二十六条　婚姻登记员应当熟练掌握相关法律法规，熟练使用婚姻登记信息系统，文明执法，热情服务。婚姻登记员一般应具有大学专科以上学历。

婚姻登记员上岗应当佩带标识并统一着装。

第四章　结婚登记

第二十七条　结婚登记应当按照初审—受理—审查—登记（发证）的程序办理。

第二十八条　受理结婚登记申请的条件是：

（一）婚姻登记处具有管辖权；

（二）要求结婚的男女双方共同到婚姻登记处提出申请；

（三）当事人男年满 22 周岁，女年满 20 周岁；

（四）当事人双方均无配偶（未婚、离婚、丧偶）；

（五）当事人双方没有直系血亲和三代以内旁系血亲关系；

（六）双方自愿结婚；

（七）当事人提交 3 张 2 寸双方近期半身免冠合影照片；

（八）当事人持有本规范第二十九条至第三十五条规定的有效证件。

第二十九条　内地居民办理结婚登记应当提交本人有效的居民身份证和户口簿，因故不能提交身份证的可以出具有效的临时身份证。

居民身份证与户口簿上的姓名、性别、出生日期、公民身份号码应当一致；不一致的，当事人应当先到有关部门更正。

户口簿上的婚姻状况应当与当事人声明一致。不一致的，当事人应当向登记机关提供能够证明其声明真实性的法院生效司法文书、配偶居民死亡医学证明（推断）书等材料；不一致且无法提供相关材料的，当事人应当先到有关部门更正。

当事人声明的婚姻状况与婚姻登记档案记载不一致的，当事人应当向登记机关提供能够证明其声明真实性的法院生效司法文书、配偶居民死亡医学证明（推断）书等材料。

第三十条 现役军人办理结婚登记应当提交本人的居民身份证、军人证件和部队出具的军人婚姻登记证明。

居民身份证、军人证件和军人婚姻登记证明上的姓名、性别、出生日期、公民身份号码应当一致；不一致的，当事人应当先到有关部门更正。

第三十一条 香港居民办理结婚登记应当提交：

（一）港澳居民来往内地通行证或者港澳同胞回乡证；

（二）香港居民身份证；

（三）经香港委托公证人公证的本人无配偶以及与对方当事人没有直系血亲和三代以内旁系血亲关系的声明。

第三十二条 澳门居民办理结婚登记应当提交：

（一）港澳居民来往内地通行证或者港澳同胞回乡证；

（二）澳门居民身份证；

（三）经澳门公证机构公证的本人无配偶以及与对方当事人没有直系血亲和三代以内旁系血亲关系的声明。

第三十三条 台湾居民办理结婚登记应当提交：

（一）台湾居民来往大陆通行证或者其他有效旅行证件；

（二）本人在台湾地区居住的有效身份证；

（三）经台湾公证机构公证的本人无配偶以及与对方当事人没有直系血亲和三代以内旁系血亲关系的声明。

第三十四条 华侨办理结婚登记应当提交：

（一）本人的有效护照；

（二）居住国公证机构或者有权机关出具的、经中华人民共和国驻该国使（领）馆认证的本人无配偶以及与对方当事人没有直系血亲和三代以内旁系血亲关系的证明，或者中华人民共和国驻该国使（领）馆出具的本人无配偶以及与对方当事人没有直系血亲和三代以内旁系血亲关系的证明。

与中国无外交关系的国家出具的有关证明，应当经与该国及中国均有外交关系的第三国驻该国使（领）馆和中国驻第三国使（领）馆认证，或者经第三国驻华使（领）馆认证。

第三十五条 外国人办理结婚登记应当提交：

（一）本人的有效护照或者其他有效的国际旅行证件；

（二）所在国公证机构或者有权机关出具的、经中华人民共和国驻该国使（领）馆认证或者该国驻华使（领）馆认证的本人无配偶的证明，或者所在国驻华使（领）馆出具的本人无配偶证明。

与中国无外交关系的国家出具的有关证明，应当经与该国及中国均有外交关系的第三国驻该国使（领）馆和中国驻第三国使（领）馆认证，或者经第三国驻华使（领）馆认证。

第三十六条 婚姻登记员受理结婚登记申请，应当按照下列程序进行：

（一）询问当事人的结婚意愿；

（二）查验本规范第二十九条至第三十五条规定的相应证件和材料；

（三）自愿结婚的双方各填写一份《申请结婚登记声明书》；《申请结婚登记声明书》中“声明人”一栏的签名必须由声明人在监誓人面前完成并按指纹；

（四）当事人现场复述声明书内容，婚姻登记员作监誓人并在监誓人一栏签名。

第三十七条 婚姻登记员对当事人提交的证件、证明、声明进行审查，符合结婚条件的，填写《结婚登记审查处理表》和结婚证。

第三十八条 《结婚登记审查处理表》的填写：

（一）《结婚登记审查处理表》项目的填写，按照下列规定通过计算机完成：

1. “申请人姓名”：当事人是中国公民的，使用中文填写；当事人是外国人的，按照当事人护照上的姓名填写。

2. “出生日期”：使用阿拉伯数字，按照身份证件上的出生日期填写为“××××年××月××日”。

3. “身份证件号”：当事人是内地居民的，填写居民身份证号；当事人是香港、澳门、台湾居民的，填写香港、澳门、台湾居民身份证号，并在号码后加注“（香港）”、“（澳门）”或者“（台湾）”；当事人是华侨的，填写护照或旅行证件号；当事人是外国人的，填写当事人的护照或旅行证件号。

证件号码前面有字符的，应当一并填写。

4. “国籍”：当事人是内地居民、香港居民、澳门居民、台湾居民、华侨的，填写“中国”；当事人是外国人的，按照护照上的国籍填写；无国籍人，填写“无国籍”。

5. “提供证件情况”：应当将当事人提供的证件、证明逐一填写，不得省略。

6. “审查意见”：填写“符合结婚条件，准予登记”。

7. “结婚登记日期”：使用阿拉伯数字，填写为：“××××年××月××日”。填写的日期应当与结婚证上的登记日期一致。

8. “结婚证字号”填写式样按照民政部相关规定执行，填写规则见附则。

9. “结婚证印制号”填写颁发给当事人的结婚证上印制的号码。

10. “承办机关名称”：填写承办该结婚登记的婚姻登记处的名称。

（二）“登记员签名”：由批准该结婚登记的婚姻登记员亲笔签名，不得使用个人印章或者计算机打印。

（三）在“照片”处粘贴当事人提交的照片，并在骑缝处加盖钢印。

第三十九条 结婚证的填写：

（一）结婚证上“结婚证字号”“姓名”“性别”“出生日期”“身

份证件号”“国籍”“登记日期”应当与《结婚登记审查处理表》中相应项目完全一致。

（二）“婚姻登记员”：由批准该结婚登记的婚姻登记员使用黑色墨水钢笔或签字笔亲笔签名，签名应清晰可辨，不得使用个人印章或者计算机打印。

（三）在“照片”栏粘贴当事人双方合影照片。

（四）在照片与结婚证骑缝处加盖婚姻登记工作业务专用钢印。

（五）“登记机关”：盖婚姻登记工作业务专用印章（红印）。

第四十条 婚姻登记员在完成结婚证填写后，应当进行认真核对、检查。对填写错误、证件被污染或者损坏的，应当将证件报废处理，重新填写。

第四十一条 颁发结婚证，应当在当事人双方均在场时按照下列步骤进行：

（一）向当事人双方询问核对姓名、结婚意愿；

（二）告知当事人双方领取结婚证后的法律关系以及夫妻权利、义务；

（三）见证当事人本人亲自在《结婚登记审查处理表》上的“当事人领证签名并按指纹”一栏中签名并按指纹；

“当事人领证签名并按指纹”一栏不得空白，不得由他人代为填写、代按指纹。

（四）将结婚证分别颁发给结婚登记当事人双方，向双方当事人宣布：取得结婚证，确立夫妻关系；

（五）祝贺新人。

第四十二条 申请补办结婚登记的，当事人填写《申请补办结婚登记声明书》，婚姻登记机关按照结婚登记程序办理。

第四十三条 申请复婚登记的，当事人填写《申请结婚登记声明书》，婚姻登记机关按照结婚登记程序办理。

第四十四条 婚姻登记员每办完一对结婚登记，应当依照《婚姻登记档案管理办法》，对应当存档的材料进行整理、保存，不得出现原始材料丢失、损毁情况。

第四十五条 婚姻登记机关对不符合结婚登记条件的，不予受理。当事人要求出具《不予办理结婚登记告知书》的，应当出具。

第五章 离婚登记①

第四十六条 离婚登记按照初审—受理—审查—登记（发证）的程序办理。

第四十七条 受理离婚登记申请的条件是：

（一）婚姻登记处具有管辖权；

（二）要求离婚的夫妻双方共同到婚姻登记处提出申请；

（三）双方均具有完全民事行为能力；

（四）当事人持有离婚协议书，协议书中载明双方自愿离婚的意思表示以及对子女抚养、财产及债务处理等事项协商一致的意见；

（五）当事人持有内地婚姻登记机关或者中国驻外使（领）馆颁发的结婚证；

（六）当事人各提交2张2寸单人近期半身免冠照片；

（七）当事人持有本规范第二十九条至第三十五条规定的有效身份证件。

第四十八条 婚姻登记员受理离婚登记申请，应当按照下列程序进行：

（一）分开询问当事人的离婚意愿，以及对离婚协议内容的意愿，并进行笔录，笔录当事人阅后签名。

（二）查验本规范第四十七条规定的证件和材料。申请办理离婚登记的当事人有一本结婚证丢失的，当事人应当书面声明遗失，婚姻登记

---

① 离婚登记的程序有调整，具体参见《民政部关于贯彻落实〈中华人民共和国民法典〉中有关婚姻登记规定的通知》。

机关可以根据另一本结婚证办理离婚登记；申请办理离婚登记的当事人两本结婚证都丢失的，当事人应当书面声明结婚证遗失并提供加盖查档专用章的结婚登记档案复印件，婚姻登记机关可根据当事人提供的上述材料办理离婚登记。

（三）双方自愿离婚且对子女抚养、财产及债务处理等事项协商一致的，双方填写《申请离婚登记声明书》；

《申请离婚登记声明书》中“声明人”一栏的签名必须由声明人在监誓人面前完成并按指纹；

婚姻登记员作监誓人并在监誓人一栏签名。

（四）夫妻双方应当在离婚协议上现场签名；婚姻登记员可以在离婚协议书上加盖“此件与存档件一致，涂改无效。××××婚姻登记处××年××月××日”的长方形印章。协议书夫妻双方各一份，婚姻登记处存档一份。当事人因离婚协议书遗失等原因，要求婚姻登记机关复印其离婚协议书的，按照《婚姻登记档案管理办法》的规定查阅婚姻登记档案。

离婚登记完成后，当事人要求更换离婚协议书或变更离婚协议内容的，婚姻登记机关不予受理。

第四十九条 婚姻登记员对当事人提交的证件、《申请离婚登记声明书》、离婚协议书进行审查，符合离婚条件的，填写《离婚登记审查处理表》和离婚证。

《离婚登记审查处理表》和离婚证分别参照本规范第三十八条、第三十九条规定填写。

第五十条 婚姻登记员在完成离婚证填写后，应当进行认真核对、检查。对打印或者书写错误、证件被污染或者损坏的，应当将证件报废处理，重新填写。

第五十一条 颁发离婚证，应当在当事人双方均在场时按照下列步骤进行：

（一）向当事人双方询问核对姓名、出生日期、离婚意愿；

（二）见证当事人本人亲自在《离婚登记审查处理表》“当事人领证签名并按指纹”一栏中签名并按指纹；

“当事人领证签名并按指纹”一栏不得空白，不得由他人代为填写、代按指纹；

（三）在当事人的结婚证上加盖条型印章，其中注明“双方离婚，证件失效。××婚姻登记处”。注销后的结婚证复印存档，原件退还当事人。

（四）将离婚证颁发给离婚当事人。

第五十二条　婚姻登记员每办完一对离婚登记，应当依照《婚姻登记档案管理办法》，对应当存档的材料进行整理、保存，不得出现原始材料丢失、损毁情况。

第五十三条　婚姻登记机关对不符合离婚登记条件的，不予受理。当事人要求出具《不予办理离婚登记告知书》的，应当出具。

第六章　补领婚姻登记证

第五十四条　当事人遗失、损毁婚姻登记证，可以向原办理该婚姻登记的机关或者一方常住户口所在地的婚姻登记机关申请补领。有条件的省份，可以允许本省居民向本辖区内负责内地居民婚姻登记的机关申请补领婚姻登记证。

第五十五条　婚姻登记机关为当事人补发结婚证、离婚证，应当按照初审—受理—审查—发证程序进行。

第五十六条　受理补领结婚证、离婚证申请的条件是：

（一）婚姻登记处具有管辖权；

（二）当事人依法登记结婚或者离婚，现今仍然维持该状况；

（三）当事人持有本规范第二十九条至第三十五条规定的身份证件；

（四）当事人亲自到婚姻登记处提出申请，填写《申请补领婚姻登记证声明书》。

当事人因故不能到婚姻登记处申请补领婚姻登记证的，有档案可查且档案信息与身份信息一致的，可以委托他人办理。委托办理应当提交当事人的户口簿、身份证和经公证机关公证的授权委托书。委托书应当写明当事人姓名、身份证件号码、办理婚姻登记的时间及承办机关、目前的婚姻状况、委托事由、受委托人的姓名和身份证件号码。受委托人应当同时提交本人的身份证件。

当事人结婚登记档案查找不到的，当事人应当提供充分证据证明婚姻关系，婚姻登记机关经过严格审查，确认当事人存在婚姻关系的，可以为其补领结婚证。

第五十七条 婚姻登记员受理补领婚姻登记证申请，应当按照下列程序进行：

（一）查验本规范第五十六条规定的相应证件和证明材料；

（二）当事人填写《申请补领婚姻登记证声明书》，《申请补领婚姻登记证声明书》中“声明人”一栏的签名必须由声明人在监誓人面前完成并按指纹；

（三）婚姻登记员作监誓人并在监誓人一栏签名；

（四）申请补领结婚证的，双方当事人提交 3 张 2 寸双方近期半身免冠合影照片；申请补领离婚证的当事人提交 2 张 2 寸单人近期半身免冠照片。

第五十八条 婚姻登记员对当事人提交的证件、证明进行审查，符合补发条件的，填写《补发婚姻登记证审查处理表》和婚姻登记证。《补发婚姻登记证审查处理表》参照本规范第三十八条规定填写。

第五十九条 补发婚姻登记证时，应当向当事人询问核对姓名、出生日期，见证当事人本人亲自在《补发婚姻登记证审查处理表》“当事人领证签名并按指纹”一栏中签名并按指纹，将婚姻登记证发给当事人。

第六十条 当事人的户口簿上以曾用名的方式反映姓名变更的，婚姻登记机关可以采信。

当事人办理结婚登记时未达到法定婚龄，通过非法手段骗取婚姻登记，其在申请补领时仍未达法定婚龄的，婚姻登记机关不得补发结婚证；其在申请补领时已达法定婚龄的，当事人应对结婚登记情况作出书面说明，婚姻登记机关补发的结婚证登记日期为当事人达到法定婚龄之日。

第六十一条 当事人办理过结婚登记，申请补领时的婚姻状况因离婚或丧偶发生改变的，不予补发结婚证；当事人办理过离婚登记的，申请补领时的婚姻状况因复婚发生改变的，不予补发离婚证。

第六十二条 婚姻登记机关对不具备补发结婚证、离婚证受理条件的，不予受理。

第七章 监督与管理

第六十三条 各级民政部门应当建立监督检查制度，定期对本级民政部门设立的婚姻登记处和下级婚姻登记机关进行监督检查。

第六十四条 婚姻登记机关及其婚姻登记员有下列行为之一的，对直接负责的主管人员和其他直接责任人员依法给予行政处分：

（一）为不符合婚姻登记条件的当事人办理婚姻登记的；

（二）违反程序规定办理婚姻登记、发放婚姻登记证的；

（三）要求当事人提交《婚姻登记条例》和本规范规定以外的证件材料的；

（四）擅自提高收费标准或者增加收费项目的；

（五）玩忽职守造成婚姻登记档案损毁的；

（六）购买使用伪造婚姻证书的；

（七）违反规定应用婚姻登记信息系统的。

第六十五条 婚姻登记员违反规定办理婚姻登记，给当事人造成严重后果的，应当由婚姻登记机关承担对当事人的赔偿责任，并对承办人员进行追偿。

第六十六条 婚姻登记证使用单位不得使用非上级民政部门提供的婚姻登记证。各级民政部门发现本行政区域内有使用非上级民政部门提供的婚姻登记证的，应当予以没收，并追究相关责任人的法律责任和行政责任。

第六十七条 婚姻登记机关发现婚姻登记证有质量问题时，应当及时书面报告省级人民政府民政部门或者国务院民政部门。

第六十八条 人民法院作出与婚姻相关的判决、裁定和调解后，当事人将生效司法文书送婚姻登记机关的，婚姻登记机关应当将司法文书复印件存档并将相关信息录入婚姻登记信息系统。

婚姻登记机关应当加强与本地区人民法院的婚姻信息共享工作，完善婚姻信息数据库。

第八章　附　则

第六十九条 本规范规定的当事人无配偶声明或者证明，自出具之日起6个月内有效。

第七十条 县级或县级以上人民政府民政部门办理婚姻登记的，“结婚证字号”填写式样为“Jaaaaaa-bbbb-cccccc”（其中“aaaaaa”为6位行政区划代码，“bbbb”为当年年号，“cccccc”为当年办理婚姻登记的序号）。“离婚证字号”开头字符为“L”。“补发结婚证字号”开头字符为“BJ”。“补发离婚证字号”开头字符为“BL”。

县级人民政府民政部门设立多个婚姻登记巡回点的，由县级人民政府民政部门明确字号使用规则，规定各登记点使用号段。

乡（镇）人民政府办理婚姻登记的，行政区划代码由6位改为9位（在县级区划代码后增加三位乡镇代码），其他填写方法与上述规定一致。

对为方便人民群众办理婚姻登记、在行政区划单位之外设立的婚姻登记机关，其行政区划代码由省级人民政府民政部门按照前四位取所属地级市行政区划代码前四位，五六位为序号（从61开始，依次为62、63、……、99）的方式统一编码。

第七十一条 当事人向婚姻登记机关提交的“本人无配偶证明”

等材料是外国语言文字的，应当翻译成中文。当事人未提交中文译文的，视为未提交该文件。婚姻登记机关可以接受中国驻外国使领馆或有资格的翻译机构出具的翻译文本。

第七十二条 本规范自2016年2月1日起实施。

附件：

1. 申请结婚登记声明书（略）
2. 结婚登记审查处理表（略）
3. 申请补办结婚登记声明书（略）
9. 5不予办理结婚登记告知书（略）
5. 撤销婚姻申请书（略）
6. 关于撤销×××与×××婚姻的决定（略）
7. 申请离婚登记声明书（略）
8. 离婚登记审查处理表（略）
9. 不予办理离婚登记告知书（略）
10. 申请补领婚姻登记证声明书（略）
11. 补发婚姻登记证审查处理表（略）

关于妥善处理以冒名顶替或者弄虚作假的方式办理婚姻登记问题的指导意见

· 2021年11月18日

· 高检发办字〔2021〕109号

一、人民法院办理当事人冒名顶替或者弄虚作假婚姻登记类行政案件，应当根据案情实际，以促进问题解决、维护当事人合法权益为目的，依法立案、审理并作出裁判。

人民法院对当事人冒名顶替或者弄虚作假办理婚姻登记类行政案件，应当结合具体案情依法认定起诉期限；对被冒名顶替者或者其他当事人不属于其自身的原因耽误起诉期限的，被耽误的时间不计算在起诉期限内，但最长不得超过《中华人民共和国行政诉讼法》第四十六条第二款规定的起诉期限。

人民法院对相关事实进行调查认定后认为应当撤销婚姻登记的，应当及时向民政部门发送撤销婚姻登记的司法建议书。

二、人民检察院办理当事人冒名顶替或者弄虚作假婚姻登记类行政诉讼监督案件，应当依法开展调查核实，认为人民法院生效行政裁判确有错误的，应当依法提出监督纠正意见。可以根据案件实际情况，开展行政争议实质性化解工作。发现相关个人涉嫌犯罪的，应当依法移送线索、监督立案查处。

人民检察院根据调查核实认定情况、监督情况，认为婚姻登记存在错误应当撤销的，应当及时向民政部门发送检察建议书。

三、公安机关应当及时受理当事人冒名顶替或者弄虚作假婚姻登记的报案、举报，有证据证明存在违法犯罪事实，符合立案条件的，应当依法立案侦查。经调查属实的，依法依规认定处理并出具相关证明材料。

四、民政部门对于当事人反映身份信息被他人冒用办理婚姻登记，或者婚姻登记的一方反映另一方系冒名顶替、弄虚作假骗取婚姻登记的，应当及时将有关线索转交公安、司法等部门，配合相关部门做好调查处理。

民政部门收到公安、司法等部门出具的事实认定相关证明、情况说明、司法建议书、检察建议书等证据材料，应当对相关情况进行审核，符合条件的及时撤销相关婚姻登记。

民政部门决定撤销或者更正婚姻登记的，应当将撤销或者更正婚姻登记决定书于作出之日起 15 个工作日内送达当事人及利害关系人，同时抄送人民法院、人民检察院或者公安机关。

民政部门作出撤销或者更正婚姻登记决定后，应当及时在婚姻登记管理信息系统中备注说明情况并在附件中上传决定书。同时参照婚姻登记档案管理相关规定存档保管相关文书和证据材料。

五、民政部门应当根据《关于对婚姻登记严重失信当事人开展联合惩戒的合作备忘录》等文件要求，及时将使用伪造、变造或者冒用他人身份证件、户口簿、无配偶证明及其他证件、证明材料办理婚姻登记的当事人纳入婚姻登记领域严重失信当事人名单，由相关部门进行联合惩戒。

六、本指导意见所指当事人包括：涉案婚姻登记行为记载的自然人，使用伪造、变造的身份证件或者冒用他人身份证件办理婚姻登记的自然人，被冒用身份证件的自然人，其他利害关系人。

七、本指导意见自印发之日起施行。法律法规、规章、司法解释有新规定的，从其规定。

法律法规新解读系列

实用附录

民法典婚姻家庭编
解读与应用

五代以内直系及旁系血亲表*

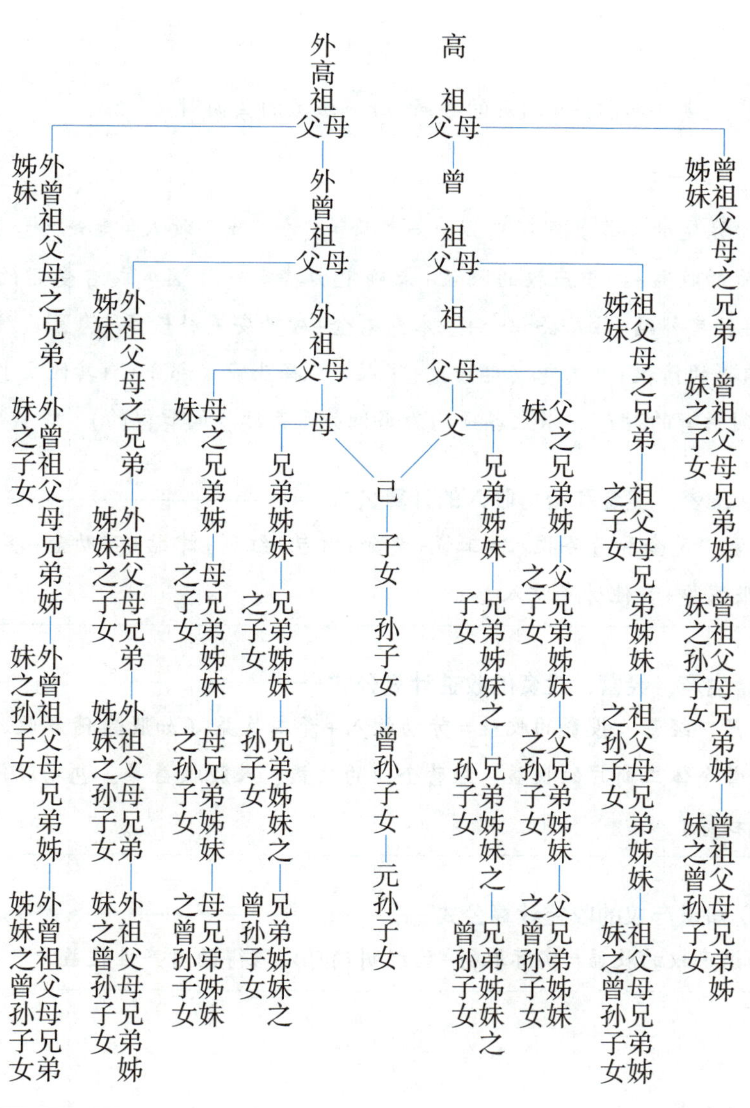

* 仅供参考。

夫妻共同财产计算公式

公式一：

夫妻共同财产=约定的共同财产+法定的共同财产

公式二：

法定的夫妻共同所有财产=工资+奖金+劳务收入+生产、经营、投资的收益+知识产权的收益+未确定由特定一方继承或者受赠的财产+住房补贴+住房公积金+基本养老金+破产安置补偿费+购置的财产+取得的债权+复员费（部分）+军人自主择业费（部分）+其他应当归共同所有的财产（以上各项均为婚姻关系存续期间取得的）

① 工资、奖金和劳务收入的计算公式

工资、奖金和劳务收入=工资+奖金+红包+红利+津贴+互助金+餐补+服装费+其他劳务收入

② 生产、经营、投资的收益计算公式

生产、经营、投资的收益=劳动收入+资本收益（如股票债券收入，经营个体工商户的收益、经营企业的收益、入股收益等，包括股份、股权等）

③ 知识产权的收益计算公式

知识产权的收益=实际取得+已经明确可以取得的财产性收益

④ 继承或者受赠的财产计算要点

遗嘱或赠与合同中没有确定只归夫或妻一方的财产（继承权是在婚姻关系存续期间取得或者接受赠与是在婚姻关系存续期间）

⑤ 复员费、转业费、军人自主择业费（部分）计算公式

属于夫妻共同财产的复员费、转业费、自主择业费=夫妻婚姻关系存续年限×年平均值

年平均值=复员费、转业费、自主择业费总额÷（70-军人入伍时实际年龄）

⑥ 其他应当归共同所有的财产计算公式

其他应当归共同所有的财产=一方以个人财产投资取得的收益+男女双方实际取得或者应当取得的基本养老金+破产安置补偿费+住房补贴+住房公积金+共同财产购买的房产+购置的财产+其他

夫妻个人财产计算公式

公式一：

夫妻个人所有的财产=约定的个人所有的财产+法定夫妻个人所有的财产

公式二：

法定夫妻个人所有的财产=一方的婚前财产+一方因受到人身损害获得的+遗嘱或者赠与合同中确定只归一方的财产+一方专用的生活用品+其他应当归一方的财产

① 夫妻一方个人财产的计算要点

夫妻一方个人财产不因婚姻关系的延续而转化为夫妻共同财产（当事人另有约定的除外）

② 一方因受到人身损害获得的赔偿或者补偿计算公式

一方因受到人身损害获得的赔偿或者补偿=医疗费+残疾人生活补助费+精神抚慰金+一次性工伤伤残补助金+交通补助费+营养补助费+住院伙食补助费+护理费+假肢安装费+军人的伤亡保险金+军人伤残补助金+军人医药生活补助费+其他一方因受到人身损害而获得的赔偿或者补偿

婚前财产协议公证书*

（　　）××字第××号

兹证明__________________（应写明姓名、性别、出生年月日和现住址）于______年______月______日在______（地点或者公证处），在我和__________（可以是其他公证员，也可以是见证人）的面前，立下了前面的婚前财产协议，并在婚前财产协议上签名（或者盖章）。

经查，协议双方的行为和协议的内容符合《中华人民共和国民法典》第×条的规定，是合法有效的。

××××公证处

公证员：×××（签名）

×年×月×日

---

* 本书附录的文书样式仅供参考。

办理婚姻登记流程图

一、中国公民办理结婚登记流程图

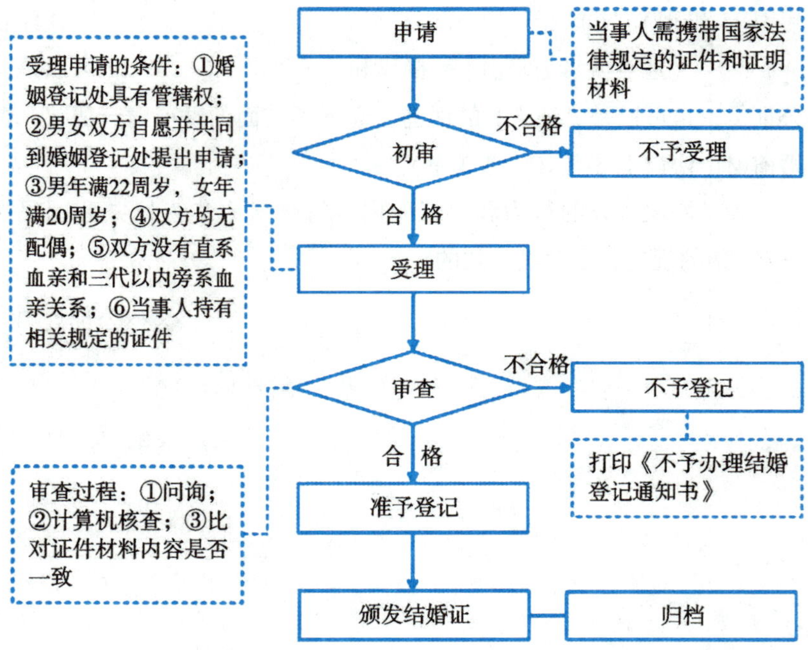

二、中国公民办理离婚登记流程图

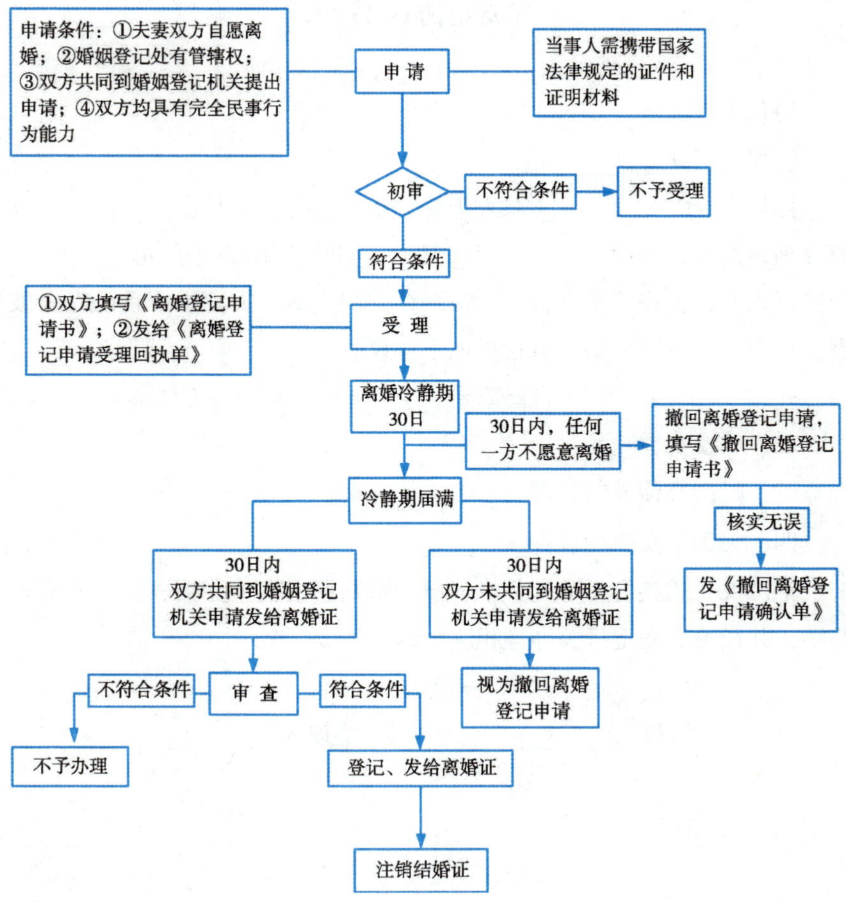

离婚协议书

协议人：________

协议人：________

协议人______、______双方于____年____月____日在____区人民政府办理结婚登记手续。____年____月____日生育儿子（女儿）______。因协议人双方性格严重不合，无法继续共同生活，夫妻感情且已完全破裂，现双方就自愿离婚一事达成如下协议：

一、______、______自愿离婚。

二、子女抚养________

三、财产及债务的处理：________

四、关于子女探望权：________

本协议一式叁份，双方各执一份，婚姻登记机关存档一份，在双方签字，并经婚姻登记机关办理相应手续后生效。

协议人：______　　　　协议人：______

____年____月____日

离婚起诉状

原告：____，女，____年____月____日出生，住所地：____市____路____号____幢____房。电　话：__________

被告：____，男，____年____月____日出生，住所地：____市____路____号____幢____房。电　话：__________

案由：离婚

诉讼请求：

1. 要求与被告离婚；

2. 由原告抚养儿子××；

3. 分割夫妻共同财产约________元，其中________元归我所有。

4. 案件受理费由双方承担（或由被告承担）。

事实和理由：

我与被告于××××年×月经人介绍相识，于××××年×月×日登记结婚，婚后夫妻感情一般，生育儿子××。由于婚前我对被告了解不够，草率地与其结婚，婚后发现被告经常参与赌博、嫖娼等违法活动，不务正业，经我多次苦心规劝，仍劣性不改。被告婚后的所作所为，对家庭及亲人极端不负责任，已严重伤害了夫妻感情，加之双方性格不合，夫妻长期分居，现夫妻感情已完全、彻底破裂，夫妻关系名存实亡。另，我们夫妻关系存续期间拥有夫妻共同财产约______元。现我向法院提起诉讼，要求与被告离婚并由我抚养儿子××，另分割夫妻共同财产______元中的____元归我所有。

此致

××××人民法院

起诉人：×××

××××年×月×日

离婚答辩状

答辩人：______

因____________一案，现提出答辩如下：________________________

____

____

此致

________人民法院

答辩人：______

____年____月____日

附：本答辩状副本____份。

填写说明：

1. 答辩的理由，是答辩状的主体部分，通常包括以下内容：一是就案件事实部分进行答辩；二是就适用法律方面进行答辩。

2. 提出答辩主张，即对原告起诉状或上诉人上诉状中的请求是完全不接受，还是部分不接受，对本案的处理依法提出自己的主张，请求法院裁判时予以考虑。

离婚上诉状

上诉人：__________

被上诉人：__________

上诉人因__________一案，不服人民法院____年____月____日(　)字第____号判决（裁定），现提出上诉。

上诉请求：__________

上诉理由：__________

此致

______人民法院

上诉人：__________

____年____月____日

附：本上诉状副本______份。

填写说明：

1. 上诉请求。首先要综合叙述案情全貌，接着写明原审裁判结果。其次指明是对原判全部或哪一部分不服。最后写明具体诉讼请求，是要撤销原判、全部改变原判还是部分变更原判。

2. 上诉理由。主要是针对原审裁判而言。而不是针对对方当事人。针对原审判决、裁定论证不服的理由，主要是以下方面：(1) 认定事实不清，主要证据不足；(2) 原审确定性质不当；(3) 适用法律不当；(4) 违反了法定程序。

证据保全申请书

申请人：____________

被申请人：____________

申请人与被申请人纠纷一案，已于　　年　月　日向你院提起诉讼，现因该案证据可能灭失（或者以后难以取得），为此，申请给予保全证据。现将案件事实、理由和具体请求目的分述如下：

事实和理由：

请求目的：

此致

________人民法院

申请人____________

____年____月____日

填写说明：

1. 事实和理由。写明证据保全急需保全的原因，如某些可能损毁、变形或不复存在，或者证人年老、病重、将要死亡或者出国留学、定居等。

2. 请求目的，即申请人要求怎样保全，采取什么保全措施要具体写明。可以请求采取拍照、录像、绘图、制作模型、记录证人证言等。

财产保全申请书

申请人：________

被申请人：________

上列申请人与被申请人，因____纠纷，申请人即将起诉（或于 年 月 日向你院起诉），被申请人有损毁（或转移、隐匿）诉讼标的物的可能（或者其他原因），为此，申请采取财产保全措施。申请的事实依据和理由如下：

事实和理由：

请求目的：

此致

________人民法院

申请人：________

____年____月____日

附：相关证据材料。

填写说明：

1. 事实与理由。首先，简要地说明一下双方讼争或将要起诉的案情事实确凿无疑。其次，着重写明必须实施财产保全所根据的事实。即被申请人有何种分散、转移争执的标的物的行为。具体写明被申请人对争执的标的物是正在准备出卖、损毁、转移，还是隐匿，抑或是对其现有的资财故意大肆进行挥霍浪费。再次，对所提出的上述事实，举出确实可靠的证据，证明它是客观实际存在的，而不是主观臆测的。最后，论证理由，主要是阐明如果不实施财产保全，法院今后的判决势必不能执行或难以执行。如果被申请人的挥霍浪费等行为，只影响其财产的很小一部分，不足以影响今后人民法院判决的执行，则不必申请实施财产保全。

2. 请求目的。请求采取何种保全措施，申请保全的金额为多少（要求小于或等于诉讼标的金额）。应写要求人民法院或查封、或扣押、或冻结、或采取其他适当措施。同时，表示自己是否提供担保以及提供何种担保。

离婚诉讼管辖法院

类型	管辖法院
一般	被告住所地法院
双方均为军人	军事法院
一方离开住所地超过一年，另一方起诉离婚	可以由原告住所地法院
双方离开住所地超过一年	被告经常居住地法院；没有经常居住地的，由原告起诉时被告居住地法院
国内结婚并定居国外的华侨	如定居国法院以离婚诉讼须由婚姻缔结地法院管辖为由不予受理，婚姻缔结地或者一方在国内的最后居住地法院
国外结婚并定居国外的华侨	如定居国法院以离婚诉讼须由国籍所属国法院管辖为由不予受理，一方原住所地或者在国内的最后居住地法院
一方居住在国外，一方居住在国内	国内起诉的，国内一方住所地法院；国外一方在居住国法院起诉，国内一方向法院起诉的，受诉法院有权管辖
双方在国外但未定居	原告或者被告原住所地法院
已经离婚，双方均定居国外，仅就国内财产分割提起诉讼	主要财产所在地法院

法院诉讼费缴费标准及计算方法

一、财产案件

标的金额	计算方法
1 万元以下	50 元
1 万~10 万元	2.5%-200 元
10 万~20 万元	2%+300 元
20 万~50 万元	1.5%+1300 元
50 万~100 万元	1%+3800 元
100 万~200 万元	0.9%+4800 元
200 万~500 万元	0.8%+6800 元
500 万~1000 万元	0.7%+11800 元
1000 万~2000 万元	0.6%+21800 元
2000 万元以上	0.5%+41800 元

对财产案件提起上诉的，按照不服一审判决部分的上诉请求数额交纳上诉费。

二、非财产案件

<table>
<tr><td rowspan="3">离婚案件</td><td>一般情况</td><td>300 元</td></tr>
<tr><td>涉及财产分割，财产总额不足 20 万元的</td><td>不另行交纳</td></tr>
<tr><td>超过 20 万元的部分</td><td>0.5%</td></tr>
<tr><td rowspan="4">侵害姓名权、名称权、肖像权、名誉权、荣誉权以及其他人格权的案件</td><td>一般情况</td><td>500 元</td></tr>
<tr><td>涉及损害赔偿，赔偿金额不超过 5 万元的</td><td>不另行交纳</td></tr>
<tr><td>超过 5 万元至 10 万元的部分</td><td>1%</td></tr>
<tr><td>超过 10 万元的部分</td><td>0.5%</td></tr>
<tr><td>其他案件</td><td colspan="2">100 元</td></tr>
</table>

三、劳动争议案件

每件交纳 10 元；管辖权异议案件，异议不成立的，每件交纳 100 元。

四、知识产权案件

类型	收费标准
没有争议金额或者价额的	1000 元
有争议金额或者价额的	按照财产案件标准交纳
商标、专利行政案件	100 元
其他行政案件	50 元

五、执行案件

执行申请费无须申请人预交，待执行后按下列标准由被执行人负担：

没有执行金额的	50 元至 500 元
1 万元以下	50 元
1 万～50 万元	1.5%－100 元
50 万～500 万元	1%+2400 元
500 万～1000 万元	0.5%+27400 元
1000 万元以上	0.1%+67400 元

六、诉讼保全案件

财产数额不超过 1000 元或不涉及财产数额	30 元
1000 元～10 万元	1%+20 元
10 万～89.6 万元	0.5%+520 元
89.6 万元以上	5000 元

七、其他类型案件

申请支付令	比照财产案件受理费标准的 1/3 交纳
申请公示催告	100 元
申请撤销仲裁裁决或者认定仲裁协议效力	400 元
申请破产	依照破产财产总额计算，按照财产案件受理费标准减半交纳，最高不超过 30 万元

民事诉讼流程图（一审）

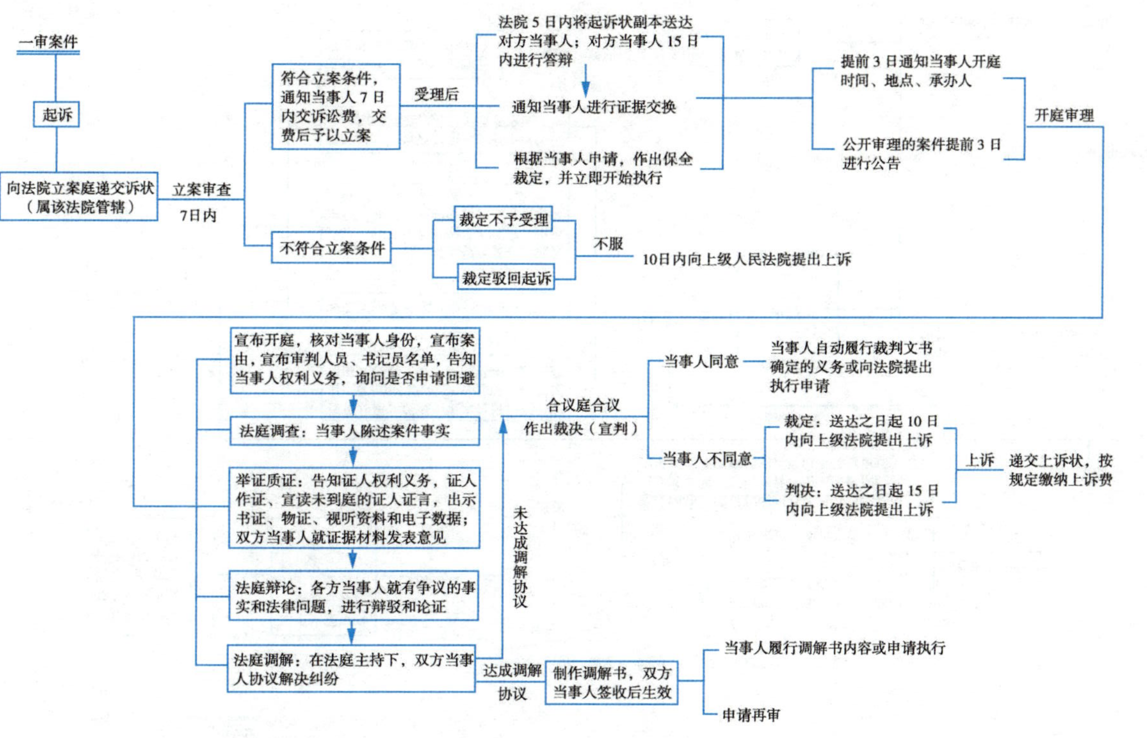

一审案件
起诉
向法院立案庭递交诉状（属该法院管辖）
立案审查
7日内
符合立案条件，通知当事人7日内交诉讼费，交费后予以立案
受理后
法院5日内将起诉状副本送达对方当事人；对方当事人15日内进行答辩
通知当事人进行证据交换
根据当事人申请，作出保全裁定，并立即开始执行
提前3日通知当事人开庭时间、地点、承办人
公开审理的案件提前3日进行公告
开庭审理
不符合立案条件
裁定不予受理
裁定驳回起诉
不服
10日内向上级人民法院提出上诉
宣布开庭，核对当事人身份，宣布案由，宣布审判人员、书记员名单，告知当事人权利义务，询问是否申请回避
法庭调查：当事人陈述案件事实
举证质证：告知证人权利义务，证人作证、宣读未到庭的证人证言，出示书证、物证、视听资料和电子数据；双方当事人就证据材料发表意见
法庭辩论：各方当事人就有争议的事实和法律问题，进行辩驳和论证
法庭调解：在法庭主持下，双方当事人协议解决纠纷
未达成调解协议
合议庭合议
作出裁决（宣判）
当事人同意
当事人自动履行裁判文书确定的义务或向法院提出执行申请
当事人不同意
裁定：送达之日起10日内向上级法院提出上诉
判决：送达之日起15日内向上级法院提出上诉
上诉
递交上诉状，按规定缴纳上诉费
达成调解协议
制作调解书，双方当事人签收后生效
当事人履行调解书内容或申请执行
申请再审

民事诉讼流程图（二审）

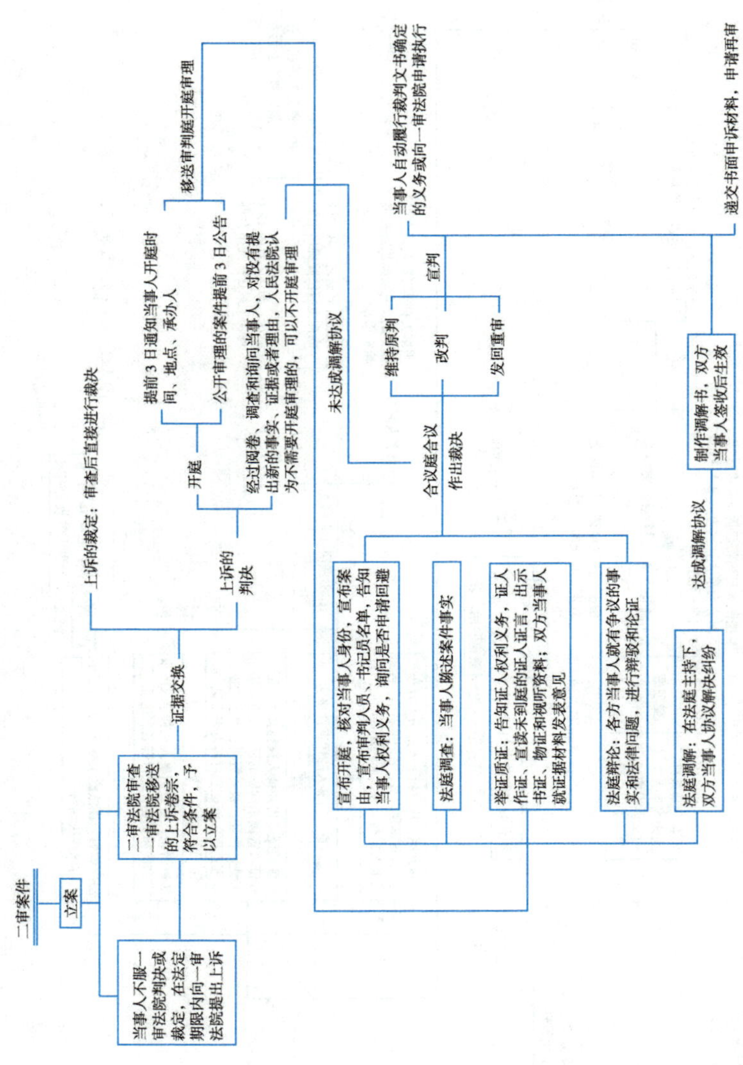

二审案件
立案
当事人不服一审法院判决或裁定，在法定期限内向一审法院提出上诉
二审法院审查一审法院移送的上诉卷宗，符合条件，予以立案
证据交换
上诉的裁定：审查后直接进行裁决
上诉的判决
开庭
提前3日通知当事人开庭时间、地点、承办人
公开审理的案件提前3日公告
经过阅卷、调查和询问当事人，对没有提出新的事实、证据或者理由，人民法院认为不需要开庭审理的，可以不开庭审理
移送审判庭开庭审理
宣布开庭，核对当事人身份，宣布案由，宣布审判人员、书记员名单，告知当事人权利义务，询问是否申请回避
法庭调查：当事人陈述案件事实
举证质证：告知证人权利义务，证人作证，宣读未到庭的证人证言，出示书证、物证和视听资料；双方当事人就证据材料发表意见
法庭辩论：各方当事人就有争议的事实和法律问题，进行辩驳和论证
法庭调解：在法庭主持下，双方当事人协议解决纠纷
未达成调解协议
达成调解协议
合议庭合议作出裁决
维持原判
改判
发回重审
宣判
制作调解书，双方当事人签收后生效
当事人自动履行裁判文书确定的义务或向一审法院申请执行
递交书面申诉材料，申请再审

重要法律术语速查表

续表

续表

续表

法律术语	页码
姻亲	第 18 页
有抚养、教育和保护被收养人的能力	第 146 页
知识产权收益	第 46 页
重婚	第 6 页
自始没有法律约束力	第 33 页

图书在版编目（CIP）数据

民法典婚姻家庭编解读与应用/唐鹍编著. —北京：中国法制出版社，2023.4
（法律法规新解读丛书）
ISBN 978-7-5216-3347-4

Ⅰ.①民… Ⅱ.①唐… Ⅲ.①婚姻法-法律解释-中国 Ⅳ.①D923.905

中国国家版本馆 CIP 数据核字（2023）第 041161 号

责任编辑：刘海龙　　封面设计：李　宁

民法典婚姻家庭编解读与应用
MINFADIAN HUNYIN JIATINGBIAN JIEDU YU YINGYONG

编著/唐鹍
经销/新华书店
印刷/三河市国英印务有限公司
开本/880 毫米×1230 毫米　32 开　　印张/ 8.25　字数/ 197 千
版次/2023 年 4 月第 1 版　　2023 年 4 月第 1 次印刷

中国法制出版社出版
书号 ISBN 978-7-5216-3347-4　　定价：25.00 元

北京市西城区西便门西里甲 16 号西便门办公区
邮政编码：100053　　传真：010-63141600
网址：http：//www.zgfzs.com　　**编辑部电话：010-63141813**
市场营销部电话：010-63141612　　**印务部电话：010-63141606**

（如有印装质量问题，请与本社印务部联系。）

【法融】数据库免费增值服务有效期截至本书出版之日起 2 年。